한신
차마, 신의를 저버릴 수 없으니

함께 읽는 고전 _ 『사기』

한신
차마, 신의를 저버릴 수 없으니

초판 1쇄 펴냄 2015년 3월 27일

지은이 ┃ 이양호
그린이 ┃ 리강

펴낸이 ┃ 홍석근
편집 ┃ 김동관, 김슬지, 이승희
디자인 ┃ 강인경

펴낸 곳 ┃ 평사리 Common Life Books
신고번호 ┃ 313-2004-172 (2004. 7. 1)
주소 ┃ (121-896) 서울시 마포구 월드컵로 74(서교동, 원천빌딩) 6층
전화 ┃ (02) 706-1970 팩스 (02) 706-1971
www.commonlifebooks.com

ISBN 978-89-92241-63-2 (04910)
ISBN 978-89-92241-62-5 (세트)
* 책값은 뒤표지에 있습니다.

책의 출간을 지원해 준 독자들

강부원 강영미 강주한 김기남 김기태 김수영 김인겸 김주현 김지수 김현승 김혜원
김희곤 나준영 노진석 박경진 박나윤 박무자 박순배 박준일 박진순 박혜미 송화미
신민영 신정훈 원성운 유지영 윤정현 이나나 이만길 이수한 이하나 임길승 임원경
장경훈 전미혜 정진우 조은수 조정우 최경호 탁안나 하상우 한승훈 허민선 홍상준

함께 읽는 고전
사기(史記)

한신

차마, 신의를 저버릴 수 없으니

이양호 지음
리강 그림

평사리
Common Life Books

과거를 이루고 있던 사람이나 형세가 다 바뀌었는데도 과거에 붙박여 거기에 들러붙어 있는 삶은 애처롭다.

가야만 했던 길을 팽개쳤던 한신도 그렇다. 독립을 해야만 하고, 독립할 수 있는 힘을 갖추었는데도 과거에 유방이 보여 주었던 한신 자신에 대한 은혜를 붙들고서, 여실히 드러난 유방의 꿍꿍이를 애써 무시하며 독립에의 길을 끝내 외면했던 한신. 이미 유방이 신뢰를 저버리고 군대를 빼 가며 형세를 유방 자신에게 유리하게 바꾸고 있는데도, 한신은 여전히 '차마, 신의를 저버리지' 못했다.

판이 이미 결정된 뒤에서야 그가 그래도 믿었던 유방의 생각이 자기와 같지 않음을 겨우 인정하고 독립을 꿈꾸었지만, 손발인 군대를 다 빼앗긴 자신의 모습을 속수무책으로 쳐다볼 수밖에 없었던 한신. 그리고 일장춘몽!

그럼에도 슬픈 한신의 역사적인 삶을 예술화한 사마천의 붓은 아름답고 또 아름답다. 어린 시절 한신이 겪었던 세 일화 속에 이미 운명처럼 배태된 그의 삶, 한신과 유방 사이에서 흐르는 두 물줄기가 만들어 내는 파란과 파문, 배신과 신의, 이것들을 사마천은 붓으로 가지고 논다.

누구나 좋다고 하면서도 누구도 읽지 않은 책이 고전이라고들 한다. 조선 시대 선비들이 이 말을 들었다면 어떤 표정을 지었을까? 그분들은 고전을 평생 끼고 살지 않았던가. 그때와 지금은 여러 면에서 다르기에 단순하게 두 시대를 비교해선 안 되겠지만, 지금도 고전 읽기가 중요하다는 것에 딴지를 거는 사람은 많지 않을 듯하다. 그런데도 고전을 읽는 사람이 많지 않은 것은, 고전에 맛을 들이기가 쉽지 않아서이리라.

큰 맘 먹고 시작하지 않더라도, 중·고등학생 정도의 지적 능력으로도 고전에 맛들일 수 있는 길은 없을까? 이게 글쓴이가 품었던 뜻이고, 그 갈무리 중 하나를 이렇게 내놓는다. 문·사·철이 가장 잘 버무려져 있는 최정상의 책 『사기』, 그중에서도 가장 빼어난 글인 「회음후(한신) 열전」을 통해 고전을 맛볼 수 있기를 바란다.

빼놓을 수 없는 게 이 책엔 또 있다. 철저한 고증과 중국에 대한 깊은 이해를 바탕으로 마련한 리강 화백의 격조 있는 그림이 그것이다. 이 책을 보면서 또 다른 맛을 거기에서 맛볼 수 있으리라 여긴다.

원문은 『사기』의 「회음후(한신) 열전」을 완역했음을 밝힌다. 평사리 들판을 가꾸어 이 책이 빛을 볼 수 있도록 해 주신 여러분께 감사의 말씀을 올린다.

2015년 2월 설날 아침, 이양호

차
례

함께 읽는 사람들

뭉술이 엉뚱한 질문으로 곤잘 우리를 당황하게 하지만, 지금을 살아가는 현대인의 감수성으로 역사 속 사건과 인물을 마주하게 해 준다.

범식이 모르는 게 없을 정도로 두루두루 해박하여, 우리들의 생각을 사방팔방으로 번져 나가게 해 준다.

캐물이 깨알같은 질문을 퍼부어, 역사 인물들의 꿍꿍이를 거침없이 헤집어 낸다. 사마천이 글을 쓴 의도를 잘 파악하는 데 도움을 준다.

이양호 샘 영웅들이 살았던 시대의 배경 지식, 후대의 역사 논쟁들, 동서양의 비슷한 사례 등을 밝혀서 좀 더 풍부하게 이해할 수 있게 한다.

당신이 오른쪽으로 추를 던지면 한나라 왕이 이기고
왼쪽으로 던지면 항왕이 이기게 되어 있습니다.
오늘 항왕이 망하면 다음에는 당신을 멸망시킬 것입니다.
당신은 항왕과 연고도 있습니다.
어찌하여 한나라에 반기를 들어
초나라와 손잡고 왕이 되어
천하를 셋으로 나누지 않습니까?

- 무섭

천하에 나아가 천하를 받들다

뭉술 살려 달라며, 남의 가랑이 밑을 기었던 사람이 한신 맞지?

범식 맞아. 하지만 그 유명한 항우를 꺾은 사람이기도 하지.

캐물 남의 가랑이 밑을 기었던 사람이, 다른 누구도 아닌 항우를
      꺾었다는 게 영 믿기지 않는데?

이샘 본문을 읽다 보면, 한신과 항우의 대결보다는 한신과 유방의
      갈등에서 더 재미를 느낄 수 있을 거예요. 뿐만 아니라 『사
      기』의 저자인 사마천의 글맛이 옴팡 느껴지기도 할 거예요.
      그 점에도 주목하면서 사마천의 글 속으로 들어가 보죠!

회음후 한신은 회음 사람이다. 처음 평민일 때에는 가난한 데다 볼만한 행실도 없었으므로 추천을 받아 관리가 될 수도 없고, 또 장사를 해서 살아갈 능력도 없어 늘 남에게 빌붙어 먹고살았다. 그래서 대부분의 사람들이 그를 싫어했다.

한신은 회음의 속현인 하향의 남창 정장의 집에서 여러 번 얻어먹었다. 몇 달을 그렇게 하자, 정장의 아내는 한신이 꼴 보기 싫어 새벽에 밥을 지어 잠자리에서 먹어 치우고는 한신이 밥때에 맞춰 가도 밥을 차려 주지 않았다. 그 뜻을 안 한신은 화를 내며 마침내 절교 선언을 하고 발길을 끊었다.

한신이 성 아래에서 낚시를 하고 있는데, 빨래를 하던 아주머니 가운데 한 분이 한신이 굶주린 것을 알고 밥을 주었다. 빨래 일을 그만할 때까지 수십 일을 그렇게 하자, 한신이 기뻐하며 아주머니에게 말했다.

"내 반드시 이 은혜를 크게 갚겠소."

그랬더니 아주머니가 화를 내면서 말했다.

"사내대장부가 제 힘으로 밥벌이를 못하기에, 내 젊은이가 가여워 밥을 줬을 뿐. 어찌 보답을 바라서 그랬겠소?"

회음의 백정 중에 앳된 이가 한신을 업신여기며 말했다.

"네가 키는 커서 칼을 잘도 차고 다닌다만 사실은 겁쟁이일 것이다."

그러고는 사람들 앞에서 한신을 모욕하는 말을 했다.

"네놈이 사람을 죽일 자신이 있으면 나를 찌르고, 죽일 자신이 없으면 내 가랑이 밑으로 기어가라."

한신은 그를 한참 동안 응시하다가 몸을 구부려 가랑이 밑으로 기어갔다. 이 일로 해서 시장 사람들 모두 한신을 겁쟁이라고 비웃었다.

범식   이 부분을 왜 넣었지? 최고의 글쟁이라는 사마천이 설마 허투루 넣은 것은 아닐 테고.

뭉술   한신에 관한 얘기니까 그냥 실었겠지.

캐물   사마천이 한신에 관한 얘기라면 모조리 실었단 말이니? 그러면 사마천은 이야기 수집가일 뿐, 글쟁이라고 할 수 없어.

범식   실은 까닭이 있을 거야.

이샘   글 쓰는 사람은 첫머리에 무척 공을 들이죠. 사마천도 틀림없이 그랬을 거예요. 지금 본 세 일화에 나타난 한신은 어떤 사람인 것 같죠?

뭉술   가난뱅이에다 겁쟁이인데요.

범식   맞긴 한데 그것만은 아니야. 한신에게 밥을 주기 싫어서 새벽에 일어나 자기들끼리 밥해 먹고, 한신이 밥 얻어먹으러

오자 모른 체 한 사람 있었잖아? 한신이 그 사실을 알고는 분노하며 의절을 선언한 뒤 그 집에서 나온 걸 보면 자존심이 대단히 센 것 같아.

캐물 빨래하던 아주머니가 한신에게 밥을 주자, 한신이 은혜를 반드시 크게 갚겠다고 한 것도 자존심이 세서 그런 걸까?

범식 그렇다고 봐야지. 그래서 '크게' 갚는다고 했을 거야.

캐물 그런데 자존심이 그렇게 센 사람이 남의 가랑이 밑을 기어가?

뭉술 그땐 그때고, 이땐 이때지.

범식 뭉술이 말이 맞는 것 같아. 밥이야 다른 데 가서 먹어도 되니까 그땐 화도 내고 의절도 했지만, 지금은 가랑이 밑으로 기지 않으면 생사람을 죽이게 생겼으니까 그랬겠지. 이건 특별한 경우에 일어난 일이야. 그런데도 그걸 보고 자존심이 없어서 그랬다고 말하는 건 지나치다고 생각해.

캐물 한신이 그 애송이를 찔러 죽일 수도 있잖아? 애송이가 그러라고도 했고.

뭉술 너 같으면 남의 가랑이 밑을 기어가기 싫어서 살인자가 되겠니?

캐물 그건 그렇네. 하지만 그 자리를 피할 수도 있었을 텐데, 왜 그렇게 하지 않았지?

범식 그렇게 하면, 그 애송이가 한신을 볼 때마다 똑같이 굴 거라
는 걸 알고 있었던 거지. 그럴 바엔 차라리 그날 바로 수모를
겪는 게 낫겠다고 생각하지 않았을까? 아무튼, 나는 다른 사
람의 가랑이 밑을 기었다고 해서 한신을 자존심이 없는 사람
이라고 여겨서는 안 된다고 생각해.

이샘 한신이 "한참 동안 그 젊은이를 응시하다가 몸을 구부려 가
랑이 밑으로 기어갔다"라고 했는데, '한참 동안 응시하는' 모
습에서 한신의 마음을 읽을 수 있지 않을까요? 이 장면을 연
극으로 표현한다면, 한신 역을 맡은 배우는 어떤 시선으로
그 젊은이를 응시해야 할까요?

캐물 뚫어지게 쳐다보다가 야릇한 미소를 보일 듯 말 듯 흘리며
몸을 구부릴 것 같아요.

뭉술 비웃는단 말이지?

캐물 응, 그 젊은이에겐 느껴지지만, 주변에 있는 사람들에겐 잘
느껴지지 않을 정도만.

범식 내가 뭐랬어. 한신은 자존심이 세다고 했잖아.

캐물 그런데 한신이 그 젊은이를 비웃을 수 있는 자존심은 어디서
생겼을까?

뭉술　캐물아. 이제 그만하고 다른 데로 넘어가자.

범식　「한신 열전」이 거의 끝나는 부분에, 한나라 왕이 한신을 초나
　　　라 왕으로 삼아 주자, 우리가 지금껏 얘기했던 세 에피소드
　　　에 나온 사람들을 한신이 그곳에서 어떻게 대하는지가 나와.
　　　그 부분에서 다시 얘기하자.

이샘　세 에피소드 속에서 한신은 자존심이 센 사람이고, 그럴 수
　　　있었던 건 나중에 자기가 크게 이름을 떨칠 거라는 걸 믿었
　　　기 때문이라고 여러분이 말했어요. 맞는 말이지만, 샘이 보기
　　　에 이들 에피소드의 의미가 그 정도에서 끝나진 않는 것 같
　　　네요. 그것을 염두에 두고서 뒷부분을 다시 읽고 생각을 하
　　　도록 하죠.

항량이 회수를 건널 때, 한신은 칼 한 자루를 차고 그를 따라가
휘하에 머물렀으나 그 이름이 알려지지 않았다. 항량이 싸움에서 지
자, 한신은 항우에게 속하게 되었다. 항우는 그를 낭중에 임명했다.
한신이 항우에게 여러 번 계책을 올렸지만 항우는 그 계책을 쓰지 않
았다.

한나라 왕 유방이 촉 땅으로 들어가자, 한신은 초나라 왕 항우에게
서 도망쳐 한나라로 귀순했다. 그렇지만 한신의 이름이 알려지지 않

아서 연오라는 보잘것없는 벼슬을 받았다. 그러던 중 한신이 법을 어겨 목이 베이는 형벌을 받게 되었다. 같이 처형되는 열세 명의 목이 잘리고 한신의 차례가 되자, 한신이 고개를 들어 하늘을 쳐다보다가 등공 하후영과 눈이 마주쳤다. 한신이 말했다.

"주상은 천하에 나아가려고 하지 않습니까? 어찌 장사를 죽이려 하십니까?"

말은 비범하고 그의 모습은 장대한지라, 등공은 그를 풀어 주었다. 그런 다음 한신과 이야기를 나누고는 크게 기뻐했다. 등공이 한나라 왕에게 한신을 추천하자, 한나라 왕은 그를 치속도위로 삼기는 했지만 빼어난 인물이라고는 여기지 않았다.

뭉술 한신이 항우 밑에 있다가 한나라 왕에게 귀순했잖아. 한나라 왕이 그를 신임해 경호 업무를 담당하는 '낭중'이란 벼슬까지 주었는데도 말이야. 그래 놓고는 또 한나라 왕에게서 도망가는 한신, 맘에 안 들어. 너희들은?

범식 그걸 보며 나는 앞에서 내가 말했던 것처럼 한신이 아주 자존심이 센 사람이라는 걸 다시 한 번 느꼈는데?

뭉술 그 일이 자존심이 센 것과 어떻게 관계있다는 거지?

범식 그냥 도망간 게 아니잖아? 항우에게 여러 번 계책을 올렸지만, 항우는 그 계책을 쓰지 않았어. 그래서 자존심이 센 한신이 항우 곁을 떠난 거지. 항우의 경호원인 낭중 자리를 박차고 나온 걸 보면, 한신은 조그만 벼슬자리를 탐내는 사람이 아니야. 그는 정말로 자기 이름을 크게 떨치고 싶었던 거지. 뒤의 글에 나오는 것을 미리 말하면, 한나라 왕에게서 한신이 도망칠 때도 마찬가지야. 한나라 왕이 한신을 군수품, 즉 말과 군량미를 담당하는 치속도위에 임명했지만, 그 이상으로는 쓰지 않을 거라는 걸 알고 달아난 거야.

캐물   그런데 한나라 왕이 자신을 중용하지 않을 거라는 걸 한신은 어떻게 알았지?

뭉술   하우영 등이 한신을 추천했는데도 한나라 왕이 한신을 높이 쓰지 않았잖아.

범식   맞는 말이긴 한데, 한신이 그 정도 때문에 도망친 건 아니야. '소하'가 추천했는데도 한신을 중용하지 않았다는 게 문제야.

캐물   맞아. 소하는 승상이니까, 조선시대로 치면 영의정이잖아. 영의정이 추천했는데도 받아들여지지 않았다면, 한신이 중용되는 건 물 건너갔다고 봐야지. 게다가 한나라 왕은 소하를 아주 신임하잖아. 떠나간 한신을 붙잡으려고 소하가 한신을 뒤쫓았는데 사람들이 한나라 왕에게 "승상 소하가 도망갔다"라고 알리자 한나라 왕이 "양손을 잃은 것처럼" 노발대발했다는 걸로 보아, 한나라 왕은 소하를 끔찍이 신임했다는 것을 알 수 있어.

범식   그 부분을 보자.

한신은 자주 소하와 말을 했는데, 그런 중에 소하는 한신이 빼어난 인물임을 알았다. 한나라 왕이 한중 땅을 항우로부터 받아 수도로 삼은 남정으로 가는데, 도중에 도망친 장수가 수십 명이나 되었다. 그때 한신도 달아났다. 소하 등이 여러 번 자신을 추천했지만 주상이 그를 등용하지 않는다고 생각했기 때문이다. 한신이 달아났다는 말을 듣자마자, 소하는 한나라 왕에게 알리지도 못하고 직접 그를 뒤쫓았다. 어떤 사람이 한나라 왕에게 보고했다.

"승상인 소하가 달아났습니다."

한나라 왕은 양손을 잃은 것처럼 노발대발했다. 며칠 뒤에 소하가 돌아와 한나라 왕을 뵙자, 한나라 왕은 분노와 기쁨이 뒤섞여 소하에게 욕을 해댔다.

"네가 도망을 쳤단 말이지! 뭐가 문제야?"

소하가 대답했다. "신은 도망친 게 아니라 도망친 자를 뒤쫓았습니다."

왕이 물었다.

"네가 뒤쫓은 자가 누구냐?"

소하가 대답했다.

"한신입니다."

캐물 뭔가 이상한데? 딱 꼬집어 말하기는 힘들지만 한신의 도망과 소하의 추격 사이에 뭔가가 있는 것 같아.

뭉술 둘이 짜기라도 했단 말이야?

캐물 그랬을지도 몰라. 소하는 한신이 없으면 천하를 놓고 항우와 다툴 수 없다고 생각하는 사람이잖아? 그래서 한신을 한나라 왕에게 추천한 거고. 그런데도 한나라 왕은 한신을 중용하지 않았어. 그렇다고 소하는 한나라 왕을 떠날 수도, 한신을 포기할 수도 없어. 이럴 때 소하는 어떻게 해야 할까?

범식 둘 다를 버릴 수 없으면, 둘 다를 취하는 방법밖엔 없는데……. 그렇다면, 어떤 수를 써서라도 한나라 왕이 한신을 중용하게 만드는 수밖에 없잖아.

캐물 맞아. 바로 그거야. '어떤 수를 써서라도'가 중요해. 유방의 생각을 바꾸려면, 뭔가 깜짝 놀라게 만들 만한 일이 필요했던 거 아닐까?

뭉술 한나라 왕이 소하가 도망갔다는 소리를 듣고 양손을 잃은 것처럼 노발대발한 것이라든가, 소하가 다시 나타나자 분노와 기쁨이 뒤섞여 소하에게 욕설을 퍼부은 것으로 봐서 엄청 놀란 게 틀림없어.

캐물   이 일이 있은 뒤, 모든 게 소하의 뜻대로 되잖아. 그 부분을 보자.

한나라 왕은 다시 욕을 해댔다.

"장군들이 도망친 게 열 번은 되는데 당신이 쫓아간 적이 있었어? 한신을 뒤쫓았다는 말은 순 거짓말이야!"

소하가 말했다.

"그런 장군들이야 쉽게 얻을 수 있습니다. 그러나 한신에 견줄 만한 인물은 이 나라에 다시없습니다. 왕께서 계속 한중에서 왕 노릇 하는 것으로 만족하신다면 한신을 모실 필요는 없습니다. 하지만 천하를 놓고 다투려 하신다면, 한신이 아니면 함께 대사를 꾀할 사람이 없습니다. 왕의 생각이 어느 쪽으로 기울어져 있는가에 달렸습니다."

한나라 왕이 말했다.

"나도 동쪽으로 나가고 싶소. 어찌 답답하게 이런 곳에 오래 있겠소."

소하가 말했다.

"왕의 뜻이 반드시 동쪽으로 나가고 싶으시다면 한신을 쓰십시오. 그러면 한신은 머물 것입니다. 한신을 높이 쓰지 않으면 그는 결국 떠날 것입니다."

한나라 왕이 말했다.

"그대를 보아 장군으로 삼겠소."

소하가 말했다.

"장군 정도로는 한신이 머무르지 않을 것입니다."

한나라 왕이 말했다.

"그러면 대장군으로 삼겠소."

소하가 말했다.

"참으로 다행입니다."

뭉술 이건 너무 심하다. 장군도 아니었던 사람을 갑자기 대장군으로 삼는다는 건 너무 과장된 것 같아.

범식 그런 의심이 들기는 하지만, 최고의 역사가인 사마천이 그렇다고 하니 믿어야지. 그건 그렇고, 나는 소하란 사람이 대단하다는 생각이 들면서도 한편으론 무섭다는 생각까지 들어.

캐물 왜?

범식 왕을 자기가 마음먹은 대로 움직이잖아. 그렇게 만들기 위해 소하가 한 말을 주목해서 봐. 처음에 "천하를 놓고 다투려 하신다면[쟁천하爭天下] 한신이 아니면 함께 대사를 꾀할 사람이 없습니다"라고 했는데, 왕이 "나도 동쪽으로 나가고 싶소"라는 말을 하자마자 바로 "왕의 뜻이 반드시 동쪽으로 나가고 싶으시다면 한신을 쓰십시오"라고 말을 바꾸고 있어. 왕의 마음을 읽고 그것에 맞춰 주면서도 자기가 목표로 한 것은 또 그것대로 얻는 이 사람, 대단하고 두렵지 않니?

뭉술   소하가 심리학 공부를 했나?

캐물   범식이 말을 들으면서 생각난 건데, 천하쟁패에 대한 마음자세와 상황 파악을 놓고서 한신, 소하, 왕의 느낌이 다 다른 것 같지 않니?

뭉술   잘 모르겠는데…….

범식   내 말을 듣고서 캐물이 너한테 떠오른 게 뭔데?

캐물   세 사람 말을 비교해 봐. 한신이 법을 어겨 죽게 생겼을 때 하후영에게 한 말, "주상은 천하에 나아가려고[욕취천하欲就天下] 하지 않습니까?"
소하가 한나라 왕에게 한 말, "천하를 놓고 다투려 하신다면.[욕쟁천하欲爭天下]"
한나라 왕이 한 말, "나도 동쪽으로 나가고 싶소.[욕동欲東]"

뭉술   그게 그거 아냐?

캐물   아~니! 한신, 소하, 한나라 왕으로 갈수록 자신감이 떨어지고 있잖아. 한신은 천하를 차지할 수 있다는 믿음이 있고, 소하는 항우와 패권을 겨뤄볼 만하다는 마음이 있지만, 한나라 왕은 천하란 소릴 입 밖에도 못 내고 겨우 동쪽이라 말하고 있어.

뭉술   정말 그러네. 사마천이 이렇게까지 치밀하게 생각하고 글을 썼을까?

범식   당연하지, 사마천이 달리 사마천이고 『사기』가 달리 『사기』겠니? 이 정도는 되니까 사마천의 『사기』가 그렇게 이름이 난 거지.

이샘   조금 지엽적인 듯하지만, 취천하就天下를 '천하를 차지한다'라고 풀이하는 것은 생각해 봐야 해요. 천하를 누가 소유할 수 있죠? 천하는 누구의 것이 될 수 없어요. 비록 천자, 황제라 하더라도 소유할 순 없죠. 그래서 소유할 취取를 쓰지 않고, 나아갈 취就를 썼을 거예요. 취임就任이나 취업就業에서 알 수 있듯이, 취就에는 나아간다는 의미만이 아니라 받든다는 의미도 들어 있거든요. 그러니 취천하就天下는 천하에 나아가 천하를 받든다는 의미인 거죠. 천하가 그 누구의 것이 될 수

26

없다는 건 동양철학의 대전제예요.

캐물　범식이가 소하란 사람 참 대단하고 두렵다고 했는데, 나도 소하가 그런 사람이라는 느낌이 조금 들어.

뭉술　나한텐 멋있기만 한데.

캐물　물론 멋있지. 그래서 대단하다고 한 거 아니니. 하지만 그 정도가 아닌 것 같단 말이지. 다음 장면을 봐.

한나라 왕이 한신을 불러 대장군으로 삼으려 했다. 그러자 소하가 말했다.

"왕께서는 평소 오만하고 예의가 뭔지를 모르십니다. 지금 대장을 모신다면서도 어린애를 부르듯 하니, 이게 바로 한신을 떠나게 한 까닭입니다. 왕께서 그를 대장군으로 삼으시려면 좋은 날을 택해 목욕재계하고, 광장에 단을 세운 뒤 예를 갖추어야 합니다."

한나라 왕은 그렇게 하겠다고 했다. 여러 장군들은 모두 기뻐하며 저마다 자신이 대장군이 될 거라고 생각했다. 막상 뚜껑이 열렸는데, 한신이었다. 온 군대가 깜짝 놀랐다.

뭉술　쎈데! 왕에게 "오만하고 예의가 뭔지를 모른다"라고 돌직구를 던지네.

범식   누가 왕이고 누가 승상인지 모르겠다. 역시 소하 승상은 대
        단하고 두려운 사람이야.

캐물   이렇게까지 해야 하나? 아무런 배려도 없이 사람을 불러다
        대장군에 임명하는 것도 문제지만, 좋은 날을 택하고, 목욕재
        계하고, 광장에 단을 세운 뒤 예를 갖춰 임명식을 하는 것은
        지나치다는 생각이 들어. 이러면 왕의 권위는 뭐가 돼?

이샘   이렇게 생각해 보면 어떨까요? 겁쟁이라고 소문났고, 한나
        라에 특별한 공적도 세운 것이 없고, 또 바로 얼마 전엔 도망
        까지 간 사람을 이런 절차도 없이 대장군으로 삼으면 병사와
        장군들의 태도가 어땠을까요?

뭉술   불만을 터뜨렸겠죠.

범식   한신의 명령에 잘 안 따랐겠죠.

뭉술   이렇게 거창하게 취임식을 한다고 해서 불만이 없어지고, 또
        장군들이 고분고분 한신의 명령에 따를까?

캐물   거창한 취임식도 없이 대장군으로 선포하는 것보다는, 그 편
        이 한신에게 훨씬 힘이 실리겠지. 그렇다면 한나라 왕은 소
        하의 말을 들었을 때 이 모든 것을 다 간파했단 말인가?

범식   또 하나 생각해 볼 게 있어. 우린 이런 거창한 취임식이 없었
        다면 병사와 장군들의 태도가 어땠을까만 생각했잖아? 또 다

른 사람, 한나라 왕인 유방의 태도가 어땠을까도 생각해 봐야 해. 자기 자신이 목욕재계하고서 받들어 모신 사람에 대한 느낌과 그냥 임명장만 달랑 준 사람에 대한 태도가 같을 수는 없잖아.

뭉술　한신에게 그냥 임명장만 주었다면, 단지 계급이 조금 높은 부하 대하듯이 했겠지.

범식　바로 그거야. 소하는 그 점을 알고 있었던 거지. 자기 때문에 한나라 왕이 떠밀리듯 한신을 대장군으로 삼는다는 걸 잘 알고 있었기 때문에, 이렇게라도 해야 한나라 왕이 한신을 함부로 대하지 않을 거란 생각이었을 거야.

캐물　소하가 그것만 생각했을까? 앞으로 왕을 대할 한신의 태도는 생각하지 않았을까? 이름도 없는 한신 자신을 왕이 그토록 온갖 정성을 다해서 대장군으로 삼았어. 이럴 때 한나라 왕에 대한 한신의 마음이 어땠을까?

뭉술　절대 배신 못하겠지.

범식　나중에 항우가 무섭을 보내 한신에게 유방을 배신하라고 꼬드기고, 수하에 있던 괴통도 강력히 그리기를 요청하지만 한신이 끝내 물리친 원인이 그럼 여기에 있었단 말이잖아! 소하, 정말 무서운 사람이다.

캐물   혹시 한나라 왕은 소하의 이런 마음을 다 간파하고 소하의
       뜻에 따라준 것은 아닐까?

이샘   이 문제와 관련해서 조선 정조 임금과 강이천이라는 선비 사
       이에 있었던 토론이, 정조의 저술을 모아 놓은 『홍재전서』에
       실려 있어요. 정조는 한나라 고조 유방이 한신을 갑자기 대
       장에 임명한 역사적 사실을 언급하며 강이천에게 물어요. 먼
       저 정조의 말을 들어 보죠.

       "누구인들 한신이 대장의 적임자라고 생각하지 않았겠는가
       마는, 사람들은 저마다 자신이 대장되기를 기대했을 뿐 한나
       라 왕漢王의 마음속에 이미 한신이 있는 줄 알지 못했소. 소순
       蘇洵이 이른바, '임금이 치밀하지 않으면 신하를 잃고, 신하가
       치밀하지 않으면 몸을 잃는다'고 한 말은 바로 이 경우를 말
       한 것이오."

이샘   사람들이 다 한신을 대장감으로 여겼을 거라고 정조가 생각
       하고 있는 게 색다르죠? 소하의 말과는 관계없이 유방의 마
       음이 벌써 한신에게 기울었을 거라고 여기는 것도 그렇고요.
       그런데도 이런 식으로 한신을 대장군에 임명한 것은 천하 대

사를 이루기 위해서라고 정조는 말했어요.

"창졸간에 위급한 시기를 당하여 임금과 재상이 함께 도모한 것을 다른 사람들이 알 수 없었으니, 이것이 한나라를 황제의 나라로 만든 발판이 되었다고 할 수 있을 것이오. 이렇게 한신을 대장에 임명한 것은 장차 대사를 도모하고자 해서 그랬다는 것을 알 수 있소."

이샘   정조는 한고조와 재상 소하가 짜고서 일을 벌였다고 생각했네요. 천하를 통일해 황제에 오른 한고조 유방이 사람 보는 눈이 그렇게 없지는 않았을 거라는 정조의 판단 때문이겠죠? 이것은 어떤 사람이 우뚝하게 빼어난 인재여서 등용하고 싶더라도 그 사람을 쉽게 등용할 수 없다는 정조 자신의 처절한 경험에서 나온 게 아닌가 싶네요. 임명권자의 고독과 고투가 느껴지죠?

"하지만 만일 사람을 추천하는 자가 소하만 못하고 추천을 받는 자가 한신만 못한데도, 여론을 묻지 않고 길흉을 점치지 않은 채 한낱 한나라 왕의 경우를 법으로 삼는다면, 살펴서 듣지 않아 함부로 기용하는 잘못을 범하지 않겠소?"

이샘   정조는 한나라 왕이 한신을 그런 식으로 등용한 것은 옳았지
       만, 그것은 특별한 때 특별히 밝은 눈을 가진 자의 추천과 특
       별한 임명권자가 어우러졌을 때나 써먹을 수 있다는 걸 또렷
       이 했네요. 평상시에 임금이 인재를 기용하는 방법으로는 무
       리가 있는 게 아니냐고 정조가 강이천에게 의견을 물었는데,
       강이천의 대답을 들어 보죠.

       "진사 강이천이 대답했다. 한고조가 한신을 기용할 만하다는
       걸 안 것은 아주 오래되었습니다. 그러면서도 겉으로는 소홀
       히 대하고 도외시하여 도망하게 한 것입니다."

캐물   강이천은 정조보다 한 술 더 뜨는데요? 한신이 내빼는 상황
       을 유방이 일부러 조성했다고 하잖아요.

이샘   강이천의 대답을 더 들어 보죠.
       "소하가 도망가는 한신을 쫓아가서 데려오자 한편으론 기뻐
       하고 한편으로 꾸짖었으니, 이것은 임금과 신하가 서로 짜고

계획을 세워, 그 일을 꽁꽁 숨겨 뭇 의논을 차단하고 사람들의 시선을 높여 여망興望을 압도하고자 했던 것입니다. 이것이 한나라 왕이 뭇 호걸을 누르고 끝내 제업帝業을 이룩한 까닭입니다."

이샘   이 부분에서도 강이천은 정조의 생각에 동조할 뿐만 아니라 그것을 좀 더 뚜렷이 하고 있네요.

"그러나 그 방법은 요행으로 한때 공을 세우기를 바랄 수는 있어도 후세에 법이 될 수는 없습니다. 여러 사람들의 의논이 다 같은 다음에 두루 시험해 보고 공로와 재능이 나타난 다음에 크게 쓰는 것이 우리가 본받아야 할 삼대三代(하·은·주나라)의 법입니다."

이샘   여기서도 강이천은 정조의 말을 따르면서도 그의 생각을 아주 또렷하게 제시했네요. 유방이 그 방법으로 성공한 건 빼어난 사람들이 잘 요리해서 그런 것이 아니라 단지 요행수였을 뿐이라고 통렬하게 비판하고 있죠? 정조에게 그런 비상한 방법을 써선 안 된다고 꽉 못 박아 두려는 심사가 아니었을까요? 강이천은 정조가 지금(정조 치세)은 비상시국이니 그와 같은 방법을 쓸 수도 있지 않겠느냐는 생각을 밑에 깔고 옛일에 대해 물은 게 아닐까 하는 의심을 한 것 같아요. 백승종 교수님에 따르면 정조와 강이천은 평생 평행선을 그었다고 하거든요. 아무튼 옛 고사가 이렇게 정치 논쟁에 쓰였다는 게 조금은 신기하고 낯설죠? 이게 바로 '역사의 현재화'이고, '고전의 가치'가 아닐까요?

뭉술 샘! 시간 다 되었는데요.

이샘 그래요. 강이천이 생각했듯이 한나라 왕은 한신의 능력을 처음부터 알고 있었으나 일부러 소홀히 대했을 뿐인가를 생각해 오세요.

천자의 용기, 천자의 인자함이 계책이다

범식   너희들, 한나라 왕이 처음부터 한신의 능력을 알아보았다는
        걸 알려 주는 구절을 찾았니?

뭉술   아니.

캐물   본문에 바탕해서 말한다면, 강이천의 말은 논거로 뒷받침할
        수 없어. 한나라 왕은 한신을 대장군으로 삼은 뒤에도 그를
        별로 탐탁지 않게 여겼다는 생각이 들어. 본문을 보자.

예식을 마치고 한신이 자리에 오르자, 한나라 왕이 물었다.

"승상이 장군에 대해서 자주 말했소. 장군은 어떤 계책으로 과인을 가르치겠소?"

한신은 감사하다고 말한 다음, 한나라 왕에게 물었다.

"지금 동쪽으로 나가 천하의 대권을 다툴 자는 항왕이 아니겠습니까?"

한나라 왕이 대답했다.

"그렇소."

한신이 물었다.

"왕께서 생각하기에 왕과 항왕 중 누가 더 용맹스럽고 인자합니까?"

한나라 왕이 아무 말 없이 한참 있다가 대답했다.

"항왕만 못하오."

범식　대장군이 된 뒤로는 한나라 왕도 한신을 존중하는 것 같은데? 왕이 자신을 '과인'이라 낮추며 한신에게 전략을 묻고 있는 걸 보면 알 수 있어.

캐물　나도 처음엔 그렇게 생각했어. 그런데 왕을 대하는 한신의 태도가 너무 의외야. 천하의 패권을 쥐려면 항우와 싸워야 하는데, 왕과 항우 중 누가 더 용감하고 인자하냐고 정곡을

찌르고 들어가잖아. 눈에 보이지 않는 줄, 그 줄을 조금만 더 당기면 끊어질 만큼 팽팽하게 당기고 있다는 느낌이야. 줄이 팽팽하려면 양쪽에서 잡아당겨야 하잖아? 그렇다면 왕도 한신을 향해서 의미심장한 일격을 가하고 있는 거 아냐?

범식   논리적으로는 그럴 수 있지만, 본문은 그렇게 되어 있지 않아. 네 논리는, 이 상태를 팽팽한 줄다리기로 비유한 데서 생긴 오류야. 네 비유가 이 장면에 딱 들어맞는다는 걸 입증해야 하는데 그럴 수 있니? 비유는 그럴 듯하게 보일 때가 많지만, 잘못 적용한 경우도 많아.

뭉술   눈에 보이지 않는 줄이 팽팽하게 당겨져 있다는 비유가 나는 맘에 들어. 이 장면과 반드시 어긋나는 것 같지도 않고,

캐물   비유에 대한 일반적인 태도는 범식이 말이 맞아. 하지만 나는 왜 그런 느낌이 드는 걸까?

뭉술   지금 이 장면을 연기자가 연기한다면, 어떤 느낌이 묻어나게 대화할까?

범식   한신이 한나라 왕에게 "지금 동쪽으로 나가 천하의 패권을 다툴 자는 항왕이 아니겠습니까?"라고 물을 땐 평범하고 공손한 태도로 말하다가, 그 다음 질문 "왕께서 생각하기에 (왕과 항우 중에) 누가 더 용감하고 인자합니까?"라고 물을 땐 갑

자기 찬 서리가 내리는 느낌으로 말하겠지. 화기애애하던 분위기가 싸늘해지는 말투가 좋겠어.

캐물 나는 한신이 분위기를 갑자기 그렇게 만들었다고 보지 않아. 일국의 왕이 할 수 있는 최고의 엄숙함과 예의를 갖추어서 대장군 임명식을 거행했잖아. 왕이 목욕재계까지 했으니, 마치 하늘로부터 대장군을 모시는 분위기였어. 그런데 예식이 끝나고 한신이 자리에 앉자마자 한나라 왕은 "장군은 어떤 계책으로 과인을 가르치겠소?" 하며 묻고 있어. 해 줄 만큼 해 줬으니 빨리 밥값을 하라는 소리지. 제대로 된 계책을 내놓지 못할 거라는 걸 알고 있다는 투야. "승상이 장군에 대해 자주 말했소"라고 먼저 말한 이유가 뭐겠니? 승상인 소하는 높이 평가하지만, 자신은 한신의 능력에 대해 믿지 못한다는 뉘앙스를 풍긴 거지. '과인'이라고 한 거라든가, '가르쳐 주시오'라고 말한 거는 과장된 제스처이고, 일종의 조롱이라는 생각이 들어.

범식 그건 너무 억지스럽게 짜 맞추는 거 아냐?

캐물 결정적인 게 있어. 우리가 생각하기에도 엄청난 대장군 임명식이었어. 그런데 한나라 왕의 입에서 나온 건 '대장군'이란 호칭이 아니야! 두 번 다 '장군'이었어. 소하 때문에 한신을 대장군으로 삼았지만, 한나라 왕은 그를 장군쯤으로 여기고 있다는 게 무의식적으로 드러났다고 봐야 해. 장군은 한나라 왕 밑에 수십 명이 있고, 그중 십여 명이 도망가기도 했어. 그런데도 한나라 왕은 대수롭게 여기지 않았어. 소하가 달아났다는 소리를 들었을 때와 비교해 봐. 장군은 병졸한테야 대단한 존재지만, 왕한테는 수십 명 중 하나일 뿐인 거지. 이걸 한신은 느낀 거야. 그래서 그도 그만의 방식으로 한나라 왕에 맞선 거야. 왕의 질문에 대답하지 않고 오히려 되물었지. 첫마디는 누구나 할 수 있는 말인 듯하지만, 비수를 꽂기 위한 사전 정지 작업이었어.

뭉술   야, 캐물이. 제법인데!

캐물   그렇게 벌써부터 나에게 존경심을 드러내면, 나중엔 할 게 없잖아? 농담이고, 아무튼 한신은 대단해. 왕의 질문에 답하지 않고 되물음으로써 오히려 역공하는 수법, 소름이 돋지 않니?

이샘   그런 사람 만나면 뼈도 못 추리겠다는 생각이 샘에게도 드네요. 하지만 한신의 이런 태도를 단순히 위기를 모면하려는 전술적인 어법으로만 보아서는 안 된다는 생각이 들어요. 이기기 위한 수단으로만 말을 파악하려 들면, 깨달음을 얻을 수 없어요. 물론 이기는 수단으로써 말이 구실하기도 하지만, 거기에만 머물면 소통도 대화도 불가능해요. 우리나라 토론 문화는 이 점에서 심각하죠. TV에서 하는 토론을 보세요. 온통 이기기 위한 말싸움이지 올바른 것을 찾아가려는 토론이 아니잖아요. 자, 계속해서 왕의 물음에 대답은 하지 않고 왜 한신은 왕에게 질문을 했을까를 염두에 두고서 본문을 읽어 보죠.

한신은 두 번 절하고 치하하며 말했다.

"저도 대왕이 항왕보다 못하다고 생각합니다. 그러나 저는 그를 모신 적이 있어서 항왕의 사람됨을 잘 압니다. 항왕이 버럭 화를 내며 꾸짖으면 1,000명이 모두 엎어집니다. 하지만 어진 장수를 믿고 일을 맡기지 못하니 항왕의 용기는 한낱 평범한 사내의 그것에 지나지 않습니다.

항왕은 사람을 대할 때 공손하고 자애로우며 말씨를 부드럽게 합니다. 병에 걸린 사람이라도 있으면 눈물을 흘리며 음식을 나누어 주지요. 그러나 부리는 사람이 공을 세워 봉토(땅)와 벼슬을 주어야 할 때가 되면, 도장이 닳아 문드러질 때까지 만지작거리며 차마 내주지 못합니다. 이른바 아녀자의 인자함일 뿐이지요.

뭉술 전쟁을 얘기하면서 용기가 어떤가를 따지는 것은 이해가 되는데, 인자한가 그렇지 않은가를 따지는 것은 번지수가 틀린 거 아냐? 전쟁하는 왕이 인자하기도 하면 좋겠지만, 전쟁에서 중요한 것은 무력과 세력이잖아?

범식 물론 뭉술이 네 말이 맞아. 전쟁에서 무엇보다 중요한 건 무력과 세력이야. 하지만 그것을 지속할 수 있어야 해. 그러려면 병사와 백성들의 마음을 얻어야 하고. 그래서 한신이 한나라 왕에게 "항왕은 이름으로는 천하의 패권자이지만 실제로는 천하 사람들의 마음을 잃어서, 그의 강한 세력은 쉽게 약해질 것이다"라고 한 거지. 전쟁하는 왕이라 하더라도 인자해야 하는 까닭이 바로 여기에 있어.

캐물 나는 한신이 왕을 골탕 먹이기 위해 단순히 전술적으로 질문한 것만은 아니라고 생각해. '계책'을 묻기 전에 먼저 물어야 할 게 있는데, 한나라 왕은 그것을 놓치고 있다는 점을 한신은 말하고 싶었던 걸 거야. 그런데 그게 뭐지?

뭉술 지도자의 용기와 인자함이라는 거겠지.

범식 그래, 그거다. 전쟁에서 가장 중요한 것을 한나라 왕이 놓치고 있다는 거지. 계책이 아니라, 계책을 쓸 사람을 먼저 살펴봐야 한다는 거지. 살펴야 할 항목은 용맹과 인자함이고. 이것에 맞춰 보면, 한나라 왕은 본질은 돌아보지 않고 부차적인 것에 매달리고 있는 셈이지. 이 점을 한신이 지적한 거야.

캐물   뿐만 아니라, 한나라 왕은 용기와 인자함에 대해서도 제대로 알고 있지 못하다는 거지. 한나라 왕이 알고 있는 용기는 평범한 사내의 용기에 지나지 않고. 인자함은 아녀자의 인자함일 뿐이라는 거지.

뭉술   항왕이 그렇다는 거지 한나라 왕이 그렇다는 말은 아니잖아?

범식   한나라 왕이 스스로 용기와 인자함에서 항왕과 견줄 수 없다고 했어. 이것으로, 한나라 왕의 용기와 인자함에 대한 잣대가 뭔지 알 수 있지 않겠어?

뭉술   그럼 한나라 왕이나 항왕이 생각하는 용기와 인자함 말고 또 다른 인자함과 용기가 있다는 소리네.

이샘   그렇지요. 거기다가 한신은, 항우와 유방이 생각하는 인仁과 용勇의 밑바닥에 깔린 게 뭐라는 것, 그리고 그걸 인자함과 용기라고 생각하면 결국 일이 어떻게 되는지를 다음의 말에서 알려 주고 있어요.

항왕은 천하의 우두머리가 되어 제후왕들을 임명해 신하로 삼았지만, 관중에 머무르지 않고 팽성에 도읍을 정했습니다. 또, 의제義

帝와 맺은 약속을 저버렸을 뿐만 아니라, 자기와 가까운 정도에 따라 왕과 제후로 삼았으니 공적公的으로 일을 처리하지도 않았습니다.

항왕이 의제를 강남으로 내쫓자, 그것을 본 제후들은 모두 자기 나라로 가서 군주를 쫓아내고 자신들이 노른자 자리를 차지하고 왕이 되었습니다.

또한 항왕의 군대가 지나간 곳치고 살육과 파괴가 없는 곳이 없습니다. 그래서 천하의 많은 사람이 그를 원망하고 백성은 가깝게 따르지 않습니다. 강한 그의 위세에 눌려 잠잠할 따름이지요. 항왕은 이름으로는 천하의 패권자이지만 실제로는 천하 사람들의 마음을 잃었습니다. 그러므로 그의 강한 세력은 쉬 약해질 것입니다.

뭉술   결국 사람들의 마음을 잃게 되어 항왕의 강한 세력이 곧 약해질 것이란 소리는 알겠는데, 항왕이 지닌 인仁과 용勇의 밑바닥에 깔린 게 뭔지는 잘 모르겠는데요?

범식   "자기와 가까운 정도에 따라 왕과 제후로 삼았으니 공적公的인 인간도 못 되었습니다"라고 한신이 항우에 대해 말한 것은, 항우가 사私적인 인간이었다는 건가요?

캐물   샘! 의제와 맺은 약속이 뭐죠?

이샘   의제(초나라 회왕)가 여러 장군들을 앞에 놓고 가장 먼저 관중(진나라 수도인 함양이 있는 곳)에 들어가는 자를 그곳 왕으로 삼겠다고 한 선언이에요. 명목적일망정 당시에 의제가 가장 높은 자였으니, 항우와 유방도 이 선언을 받들 수밖에 없었죠. 그런데 유방이 먼저 관중에 들어갔어요. 그러자 항우는 유방을 죽이려다가 못 죽이고 서쪽 골짜기로 보내 버렸죠. 그런 다음 항우는 관중 지역을 셋으로 쪼개어 세 사람에게 나눠 주었어요. 유방이 "동쪽으로 가고 싶다"고 한 것은 이런 일을 염두에 두고 하는 소리예요.

캐물　그러면, "의제와 맺은 약속을 저버렸다"는 것도 항우가 공적 公的인 인간이 아니란 소리겠네요.

이샘　그래요. 항우의 인仁과 용勇은 공적인 것이 아니라 사적인 것에 뿌리를 두고 있다는 소리를 한신은 하고 싶었던 것 같아요. "평범한 사내의 용기"라든가 "아녀자의 인자함"이 그렇다는 거지요. 항우가 관중에 머무르지 않고 팽성에 도읍을 정한 모습에서도 항우의 사적인 모습을 볼 수 있어요. 천하를 제패하려면 관중이 중요하니까 관중의 왕이 되든지 그것이 여의치 않으면 그 근처에 도읍을 세워야 했는데, 항우는 자기 고향 근처인 팽성에 도읍을 했어요. 고향사람들에게 출세한 자기 모습을 보여 주고 싶어서 그랬다고들 하지요. "항왕이 의제를 강남으로 내쫓자, 그것을 본 제후들은 모두 자기 나라로 가서 군주를 쫓아내고 자신들이 노른자 땅을 차지하고서 왕이 되었다"는 말도 주목할 필요가 있어요. 윗사람이 자기 이익을 추구하면 아랫사람도 자기 이익만을 추구해 질서가 무너지고 끝내 나라가 망하게 된다는 게 맹자의 핵심 사상인데, 이것을 역사적으로 보여 주는 장면이네요. 공公적이어야 할 자리에 있는 사람이 사私적인 감정을 벗어나지 못하면 어떻게 되는가를 항우가 잘 보여 주고 있어요.

뭉술 한신이 높이 치는 인자함과 용기는 어떤 것이지? 다음 부분에 나오지 않을까?

지금 왕께서 항왕의 정책과는 반대로, 천하의 용맹한 자들을 믿고 위임한다면 멸망시키지 못할 적이 어디 있겠습니까? 천하의 땅을 공 있는 신하들에게 나누어 봉해 준다면 마음으로 따르지 않는 이가 어디 있겠습니까? 정의를 내세우고서 동쪽 고향으로 돌아가고 싶어 하는 병사를 따르게 한다면, 그들을 보고 흩어져 달아나지 않을 적이 어디 있겠습니까?

범식 항우가 갖지 못한 용기와 인자함이 여기 나오네. 천하의 용맹한 사람들에게 일을 위임하니 항우와 다른 용기이고, 천하를 신하들에게 나누어 주니 항우와 다른 인자함이라고 할 수 있지. 이런 인과 용을 뭐라고 이름 붙이면 좋을까?

뭉술 지금 문제되고 있는 게 천하, 즉 누가 천자가 되느냐잖아? 그러니까 천자의 용기, 천자의 인자함이라고 하면 되겠다. 한신이 유방에게 천자의 용, 천자의 인을 나타내라고 말하고 있는 셈이지. 그래야 천자가 된다고. 평범한 사내의 용기와 아녀자의 인자함을 가지고선 잠깐 위세를 떨칠 순 있겠지만, 그래봤자 사私적인 인간이므로 천하에 나아갈 순 없다고 한신이 말하고 있는 거라고도 할 수 있고.

캐물 그런데 한신은 용기가 한 가지 용기만 있는 게 아니고, 인자함도 한 가지 인자함만 있는 게 아니란 걸 어떻게 알았을까?

뭉술 그냥 살면서 알게 되었겠지.

범식 뭔가 계기가 있었을 것 같기는 한데…….

이샘 첫 시간에 봤던 세 에피소드에서 찾을 수 있을 것 같은데요.

뭉술 한신이 가랑이 밑으로 기어간 이야기?

범식 아, 그래. 그 이야기에 두 개의 용기가 나온다. 아무 이유도 없이 사람을 윽박지르고 모욕을 주는 용기. 그건 깡패나 쪼다의 용기라 할 수 있지. 반면에 한신의 행위도 용기라고 할 수 있는 거잖아? 나중을 위해 참는 용기.

뭉술 그것 때문에 겁쟁이란 소리를 들었지만, 그런 소리를 듣고도
      참는 것, 모욕을 견디는 것도 용기라고 봐야겠지. 한신은 이
      름을 떨치고 싶어 했는데, 그때 그것을 견디는 용기가 없었
      으면 이름을 떨칠 수 없었겠지. 그게 오히려 진정한 용기가
      아니겠어?

이샘 『맹자』에 용기에 대해 좀 더 세분되어 있어요. 관심 있는 사
      람은 찾아보세요.

뭉술 한신의 말이 아직 안 끝났잖아요? 마저 봐요.

또한, 지금 삼진의 왕들은 본래 진秦나라 장군들입니다. 그때 그
들이 진나라의 자제들을 여러 해 동안 지휘했는데, 그 사이에 죽고
도망친 병사의 수가 이루 헤아릴 수 없었습니다. 뿐만 아니라 휘하
의 병사들을 속여 항왕에게 항복하고 신안으로 왔으나, 항왕은 진나
라의 투항병 이십여 만 명을 속여서 구덩이에 묻어 죽여 버렸습니다.
이때, 지금 삼진의 왕이 된 장한(옹왕雍王), 사마흔(새왕塞王), 동예(적
왕翟王)만이 죽지 않았습니다. 그래서 진나라 부모 형제들은 이 세 사
람에 대한 원한을 뼛속 깊이 사무치게 갖고 있습니다. 지금 초나라
왕 항우가 위력으로 옛 진나라 땅을 세 조각내 이 세 사람을 각각 삼

진의 왕으로 삼았지만, 진나라 백성 가운데 그들을 달갑게 여기는 이는 없습니다.

그러나 왕께서는 옛 진나라 땅인 무관[관중]으로 들어가서 그들에게 털끝만큼도 해를 끼치지 않았습니다. 오히려 가혹한 진나라의 법률을 없애는 대신 삼장의 법(살인한 자, 상해를 입힌 자, 도둑질한 자에겐 그에 상응하는 벌을 내린다는 법)만을 두기로 진나라 백성과 약속했으니, 진나라 백성 가운데 왕께서 진나라 왕이 되었으면 하고 바라지 않는 사람이 없습니다.

옛 진나라 땅인 관중[무관]으로 먼저 들어가는 이가 왕이 되기로 제후들끼리 약속했으므로, 왕께서 관중의 왕이 되셔야 합니다. 관중의 백성도 모두 이 약속을 알고 있습니다. 항왕 때문에 대왕께서 정당한 자리를 잃고 한중으로 들어가자 관중의 백성 가운데 한스러워하지 않는 이가 없었습니다. 이제 대왕께서 병사를 이끌고 동쪽으로 진출하시면 저 삼진 땅은 격문만 돌려도 손아귀에 들어올 것입니다.

그러자, 한나라 왕은 몹시 기뻐하며 한신을 너무 늦게야 얻었다고 한탄했다. 드디어 한신의 계책에 따라 여러 장군들에게 공격할 곳을 정하게 했다.

뭉술   드디어 한나라 왕이 한신을 전폭적으로 인정했네!

범식 방금 본 한신의 말은 두 부분으로 나뉘어. 첫 번째와 두 번째 단락이 한 묶음인데, 유방 쪽에서 봤을 때 동쪽인 관중 지역. 그러니까 공격할 곳에 대한 것이고, 셋째 단락은 국제적인 명분 문제를 말하고 있어.

캐물 앞에서 얘기했던 천자의 용기, 천자의 인자함이 아군에 관한 것이라면, 관중 부분은 적군 또는 적지에 대한 것이고, 셋째 단락은 범식이가 말한 대로 제3자의 눈초리, 즉 명분이라 할 수 있겠네.

뭉술 『손자병법』에 "지피지기면 백전불태 知彼知己 百戰不殆"라는 말이 있는데, 한신은 한 가지 더 '명분'까지 생각했네. 한신, 참으로 주도면밀하구나.

범식 적을 파악하는 데서도 그래. 그 지역 지배자와 지배받는 민중을 나누어서 생각하고, 또 그 지역 민중들이 지배자에 대해선 어떻게 여기는지, 한나라 왕의 군대에 대해선 또 어떻게 여길 것인가까지 나누어서 계산했어. 정말 체계적이고 주도면밀하지 않니?

캐물 그것만이 아니야. 한신 자신이 참수형을 받으려던 순간에 "주상은 천하에 나아가려고 하지 않습니까? 어찌 장사를 죽이려 하십니까?" 하며 당당하게 외친 것으로 보아, 자기 자신에 대한 믿음도 확고해.

뭉술   말만 뛰어난 사람도 많지⋯⋯. 한나라 왕이 장수들에게 공격
       할 곳을 정하게 했으니까, 이제 한신이 말로만이 아니라 실
       제로도 군사 전략에 뛰어난지 볼 수 있겠다.

적군은 물론, 아군까지 간파하는 전쟁의 신

　한나라 원년(기원전 206년) 8월에 한나라 왕은 병사들을 이끌고 동쪽에 있는 진창을 쳐 삼진을 평정했다. 한나라 2년에 함곡관을 나와 위나라와 황하 남쪽 땅을 점령하자, 한(韓)나라·은나라의 왕도 항복했다. 제나라·조나라의 군대와 합쳐 초나라를 쳤다.

　4월에 팽성에 이르렀다. 그러나 한나라 군대가 패하자 모두 흩어져 돌아왔다. 한신이 다시 병사를 모아, 한나라 왕과 형양에서 합세하여 경과 삭 사이에서 초나라를 깨트렸다. 그래서 초나라 항왕 군대는 서쪽으로 뻗어 나갈 수 없게 되었다.

한나라 군대가 팽성에서 패하여 물러났을 때, 새왕塞王 사마흔과 적왕翟王 동예가 한나라 군중에서 도망쳐 나와 초나라에 항복했고, 제나라와 조나라도 한나라에 반기를 들고 초나라와 화친을 맺었다. 6월에는 위나라 왕 표가 부모의 병문안을 간다며 휴가를 얻어 고향으로 돌아가더니, 그곳에 이르자마자 하관을 폐쇄하고 한나라에 반기를 들고는 초나라와 화친을 맺었다. 한나라 왕이 역생을 보내 위나라 왕 표를 설득했으나, 생각을 꺾지 못했다.

범식   샘! 새왕 사마흔과 적왕 동예는 항우가 관중, 즉 옛 진나라 지역을 세 조각내 이들에게 각각 한 조각씩 주지 않았나요?

이샘   그랬죠.

범식   유방은 항우의 미움을 받아 서쪽 땅으로 밀려났다가, 한신의 계책을 따라 관중 지역, 즉 새왕 사마흔과 적왕 동예가 다스리던 곳을 공략했잖아요. 그런데 어떻게 그들이 유방 쪽에 붙었다가, 유방이 항우에게 패하자 한나라 진영에서 도망쳐 다시 항우 편이 될 수 있었죠?

이샘   유방이 관중을 공략할 때 둘 다 유방에게 항복해서 유방이 그들을 휘하에 거두었거든요.

뭉술   사마흔과 동예, 배신을 밥 먹듯 하는 놈들이구먼.

캐물   그런데 팽성 전투가 어땠기에 줄줄이 유방을 배신하고 항우
       쪽으로 붙지?

뭉술   그러게! 유방이 승승장구하다가 팽성에서 딱 한 번 패했을
       뿐인데…….

캐물   샘! 팽성 전투에 대해 말씀 좀 해 주세요.

이샘   이 전투에 대해 사마천은 「항우 본기」와 「고조 본기」에 자세
       히 적어 두었어요. 유방의 군사 중 이 전투에서 강에 빠져 죽
       은 자만 20만 명이나 되어 "시체 때문에 강물이 흐르지 않을
       정도였다"라고 해요. 유방은 기병 수십 명과 함께 겨우 빠져
       나왔는데, 어찌나 경황이 없었던지 그의 가족이 항우에게 사
       로잡히도록 내버려 두고 자기만 줄행랑을 쳤죠. 심지어는 도
       망가고 있는 자기 아들과 딸을 발견하고 수레에 태우고 도망
       가다가, 초나라 병사가 쫓아오자 수레의 무게를 줄이려고 자
       식들을 일부러 수레 밑으로 밀어서 떨어뜨릴 정도로 혼쭐이
       난 전투예요.

캐물   항우는 유방을 계속 추격하지 않았나요?

이샘   추격하려고 했지요. 하지만 한신 때문에 그럴 수 없었어요.

범식   "한신이 다시 병사를 모아, 한나라 왕과 형양에서 합세하여
       경과 삭 사이에서 초나라를 깨트렸다. 그래서 초나라 항왕

군대는 서쪽으로 뻗어 나갈 수 없게 되었다"라는 게 그 소린 가요?

이샘   엡!

뭉술   한신은 팽성에서 군대를 잃지 않았나 보죠?

이샘   그때 한신은 팽성에 있지 않고, 한韓나라 지역을 공략하러 가 있었어요.

뭉술   한신이 아니었으면 『초한지』가 초장에 끝날 뻔했구나!

캐물   그처럼 쫄딱 망했으니 배신자가 속출하는 것도 이상하지 않 네! 그런데 유방은 이렇게 당하고서도 어떻게 재기할 수 있 었지?

이샘   그 점에 대해선 장자방이라고 알려져 있는 장량에 대해 얘기 해야 해요. 여기선 이 정도로만 하고 다음으로 넘어가죠.

그해 8월에 한나라 왕은 한신을 좌승상으로 임명한 뒤, 위나라 를 치게 했다. 위나라 왕 표는 포판에 진을 치고, 임진으로 통하는 물 길을 막았다. 한신은 대군인 것처럼 꾸미고 배를 잇대어 임진에서 황 하를 건너려는 시늉을 하고는, 실제로는 하양에서 목앵부로 군대를 건너게 해 위나라 수도 안읍을 기습했다. 위나라 왕 표가 깜짝 놀라 병사를 이끌고 한신을 맞아 싸웠으나 한신에게 사로잡혔다. 한신은 위나라를 평정하고 그곳을 한나라 하동군으로 만들었다. 한나라 왕이 장이를 보내, 한신과 함께 병사를 북동쪽으로 진격시켜 조나라와 대나라를 치게 했다. 윤달 9월에 그들이 대나라 군대를 격파하고 연여에서 대나라 재상 하열을 사로잡았다.

한신이 위나라를 멸망시키고 대나라를 깨트리자, 한나라 왕은 문득 사람을 보내 그로 하여금 한신의 정예병을 이끌고 형양으로 가서 초나라 군대를 막게 했다.

범식   성동격서聲東擊西부터 하네.

뭉술   성동격서가 뭔데?

범식   동쪽에서 공격하는 소리를 요란하게 내고는 실제론 서쪽을 친다는 한자 성어지. 샘! 성동격서란 말이 이 일에서 나왔나요?

이샘   '성동격서'란 말이 정확하게 기록되어 있는 건 한참 뒤인 당나라 때 '두우'가 쓴 『통전通典』이라는 책이에요. 하지만 성동격서란 말만 안 썼을 뿐이지 거의 같은 의미로 말하고 있는게 『손자병법』 등 여기저기에 나오는 것으로 보아, 꽤 알려진 전술이라고 할 수 있죠. 현대 전쟁에서도 사용된 적이 있는데, 노르망디 상륙작전에서 이 계책을 썼다고 해요.

태원太原

황
하

평양平陽

하양夏陽

임진
臨晉

안읍安邑

포판蒲坂

황   하

함양咸陽

범식   전쟁사 책에서 저도 봤어요. 연합군이 영국의 칼레 지역으로 상륙할 것처럼 칼레와 가까운 곳에 수백 대의 장갑을 위장하여 모아놓고 병참시설까지 급조해서 만들었대요. 심지어는 칼레 상륙이 임박한 것처럼 연합국 간에 무전을 치기도 했고요.

뭉술   그래서 히틀러가 쉽게 속아 넘어간 건가?

범식   쉽게 속진 않았어. 모든 정보를 들은 뒤 히틀러가 말한 게 또 걸작이야. "이건 3중 기만술이다. 그러므로 상륙 지점은 칼레다." 그러고는 주력부대를 칼레로 모았지.

뭉술   3중 기만술은 또 뭐야?

범식   성동격서로 끝나지 않고, '성동격서서동'한다고나 할까? 이쪽에서 동쪽을 칠 것처럼 정보를 흘리면, 저쪽에서 '성동격서'구나 생각하고는 서쪽에 주력 부대를 모아 놓고 기다리고 있을 거란 말이지. 그때 서쪽을 치면 백전백패지. 그래서 이쪽은 저쪽을 한 번 더 속여서 진짜로 동쪽을 친다는 소리야.

뭉술   2중 플레이, 3중 플레이……. 복잡하구만.

범식   그런데 연합군 측은 딱 성동격서만 했어. 2중 플레이만 한 거지. 히틀러는 제 꾀에 제가 넘어간 거라고 할 수 있어.

캐물   4중 플레이라고 할 수도 있겠는데? 히틀러가 3중 속임수라고 생각할 줄 알고 한 번 더 속였다고 볼 수도 있으니까.

뭉술 끝이 없구나.

캐물 그건 그렇고, 나는 마지막 문장 "한신이 위나라를 항복시키
고 대나라를 깨트리자, 한나라 왕은 문득 사람을 보내 그로
하여금 한신의 정예병을 이끌고 형양으로 가서 초나라 군대
를 막게 했다"는 말이 맘에 걸려. 뭔가 있을 것 같은 냄새가
난단 말이야. 너희는 안 그러니?

범식 특별히 이상하지 않은데…….

뭉술 나도.

캐물 딱 꼬집어 말할 수 없으니까, 일단은 다음으로 넘어가자.

한신은 장이와 함께 병사 수만 명을 거느리고 동쪽으로 진격하
여 정형에서 내려와 조나라를 치려고 했다. 조나라 왕과 성안군은 한
나라 군대가 곧 쳐들어올 거라는 말을 듣고 병사를 정형 어귀로 집결
시켰는데, 그 수가 20만 명이었다. 광무군 이좌거가 성안군에게 건의
했다.

"한나라 장수 한신은 서하를 건너서 위나라 왕 표와 하열을 사로잡
고 연여를 피바다로 만들었는데, 이제 장이의 도움까지 받아 우리 조
나라를 함락시키려고 논의하고 있다고 합니다. 이들은 승세를 타고

있으며 고국을 멀리 떠나서 싸우고 있으므로 그 예봉을 막아내기 어렵습니다.

'천 리 밖에서 군량미를 보내면 수송이 어려워 병사들에게 주린 빛이 돌고, 땔나무를 하고 풀을 베어서 밥을 지어야 하는 경우라면 군사들은 배불리 잠을 자지 못한다'라고 저는 들었습니다. 그런데 정형으로 가는 길은 폭이 좁아서 수레 두 대도 나란히 갈 수 없고, 기병조차도 대열을 지어 갈 수 없습니다. 이런 길을 수백 리나 행군해야 하니, 그 형세로 보아 군량미는 반드시 뒤쪽에 있을 것입니다.

성안군께서 제게 기습병 3만 명만 빌려 주시면 샛길로 들어가서 그들의 군량미 수송부대를 끊어 버리겠습니다. 성안군께서는 물길을 깊이 파고 성벽을 높이 쌓아 신영을 굳게 시키기만 하고 그들 군대와 싸우지는 마십시오. 이러면 적군은 앞으로 나아가 싸울 수도 없고, 물러서려고 해도 돌아갈 길이 없을 것입니다. 우리 기습병이 적의 뒤를 끊고 적이 약탈할 만한 식량을 들판에서 치워 버리기만 하면, 열흘도 못 되어 적군의 두 장수 한신과 장이의 머리가 휘하에 있을 것입니다. 부디 성안군께서는 제 계책에 유의해 주십시오. 그렇지 않으면, 반드시 적군의 두 장수에게 사로잡힐 것입니다."

성안군은 유교를 따르는 사람이라고 자처하며, 늘 자기 군대를 의로운 군대라고 일컫고는 속임수나 기이한 계책을 쓰지 않았다. 그는 말했다.

"병법에 따르면 '병력이 열 배면 적을 포위하고 두 배면 싸운다'라고 했소. 지금 한신의 군사가 수만 명이라고 떠들지만 실제로는 수천 명을 넘지 못하오. 게다가 1,000리나 되는 먼 길을 와서 우리를 치니 파김치가 되어 있을 것이오. 이런 적을 피하고서 깨트리지 않는다면 앞으로 큰 군대가 쳐들어올 때는 어찌 하겠소? 그러면 제후들은 우리를 겁쟁이로 여겨 가볍게 쳐들어올 것이오."

그러고는 광무군의 계책을 받아들이지 않았다.

한신은 첩자를 보내 조나라의 동향을 염탐하게 했다. 조나라가 광무군의 계책을 쓰지 않기로 한 것을 첩자가 알아내서 보고하자, 한신은 매우 기뻐하며 과감하게 병사를 이끌고 정형을 향해 내려섰다. 정형에 들어가기 30리 전쯤에서 한신은 군대를 머물러 야영하게 하고, 그날 밤에 가볍게 무장한 기마병 2,000명을 뽑아 저마다 붉은 기를 하나씩 가지고 샛길로 말을 달려 조나라 군사를 바라볼 수 있는 곳까지 가서 산속에 숨어 있으라면서 다음과 같이 명령했다.

"조나라 군대는 우리 군사들이 달아나는 것을 보면 반드시 성을 비워 놓고 우리 뒤를 쫓을 것이다. 그러면 너희들은 재빨리 성안으로 들어가 조나라 기를 뽑아버리고 한나라의 붉은 깃발을 세워라."

또, 비장으로 하여금 가벼운 식사를 전군에게 나누어 주게 하고는 선언했다.

"오늘 조나라를 격파한 뒤 회식한다!"

장수들 모두 그 말이 믿기지 않아 건성으로 대답했다.

"네. 알겠습니다."

캐물   조나라에서 광무군과 성안군 사이에 있었던 논의를 한신은
        어떻게 알았지?

범식   이런 걸 소설에선 3인칭 관찰자 시점이라고 하지.

뭉술   『사기』는 역사책이지 소설책이 아니야. 한신이 첩자를 보내
        조나라에서 광무군의 계책이 쓰이지 않게 된 것을 알았다고
        하잖아.

이샘   뭉술이 말이 맞아요. 하지만『사기』는 문학적인 기법을 많이,
        그리고 아주 잘 사용하고 있어요. 옛날 역사책 쓰기와 현대
        역사책 쓰기가 조금 다르죠. 이 점에 대해선 동서양의 초창
        기 역사책이자 대표적 역사책인 헤로도토스의『역사』와 사
        마천의『사기』를 더 많이 읽고 생각해 보세요.

캐물   성안군이 광무군의 계책을 왜 안 받아들였지?

뭉술   겁쟁이란 소릴 듣지 않으려고 그런 거지. 그래야 다른 나라
        도 함부로 조나라를 침략하지 않을 테고.

범식   그건 성안군이 한 말일 뿐이고, 실제로는 속임수 쓰는 것을 달갑게 여기지 않아서였을 거야. 그것을 알려 주려고 "성안군은 유교를 따르는 사람이라고 자처하며, 늘 자기 군대를 의로운 군대라고 일컫고는 속임수나 기이한 계책을 쓰지 않았다"라는 문장을 사마천이 써 넣었을 거야. 아니, 속임수나 기이한 계책을 쓰지 않으려는 것도 겁쟁이란 소릴 들을까 봐 두려워서 그러는 건가?

뭉술   그게 맞는 것 같아. 샘! 유교에선 전쟁 때도 속임수나 기이한 계책을 써서는 안 된다고 가르치나요?

이샘   꼭 유교에서라기보다는 청동기 시대 땐 대체로 정정당당한 전쟁을 했고, 속임수를 쓰면 주변의 나라들이 심하게 비난을 했던 것 같아요. 현대에도 그런 의식이 아주 조금 남아 있어요. 선전포고를 하고 전쟁을 시작하는 게 그거예요. 서양 영화를 보면, 양편이 일렬로 쭉 늘어서서 서로 공격하는 장면이 나오는데, 이 또한 그런 영향 때문이라고 봐요.

범식   그러면 성안군은 꽤 순수한 사람인가? 전쟁에서 순수하다는 게 뭔지 모르겠지만.

캐물   그렇게 볼 수는 없다고 생각해. 한신이 이끄는 수만 명의 병사를 자기 멋대로 "수천 명에 지나지 않는다"라고 말하는 것으로 봐서 극도로 주관적인 사람이라는 생각이 들어. 자기 군대를 늘 '의로운 군대'라고 하는 것도 그렇고. 자기만 잘났다고 생각하는 사람들의 특징이지.

뭉술 한신에게 이기기는 이미 글렀네. 한신은 아군과 적군, 심지어는 제3자의 눈초리까지 두루 살피는데, 이에 맞서는 성안군은 자신에게만 푹 빠져 있으니.

캐물 '나는 속임수를 쓰고 싶지 않다'는 소리를 당당하게 하지, 뭐하러 구질구질하게 적군의 군사 규모까지 줄이며 자기 자신을 속이고 있지? 이건 성안군에겐 속임수로 여겨지지 않나 보지?

범식 전쟁을 하고 있지만, 나는 속임수도 기이한 계책도 쓰고 싶지 않다고 그가 말했다면 사람들이 어떻게 반응했을까? 아마 다들 비웃었을 거야. 그래서 당당히 밝히지 못했다고 봐.

이샘 그래요. 이 문제를 생각해 볼 수 있는 게 『한비자』에 나오는 송나라 양공에 관한 이야기예요.

"송宋나라 양공襄公이 초나라 군대와 탁곡 강가에서 전쟁을 했다. 송나라 군대는 벌써 전열을 갖추었는데, 초나라 군대는 아직 물도 다 건너지 못하고 있었다. 우사마右司馬 직책에 있는 구강購强이 뛰어와 간언했다.

'초나라 군대는 많고 송나라 군대는 적습니다. 초나라 군대가 아직 절반도 강을 건너지 못해 대열을 갖추지 못했으니, 이들을 공격하게 해 주십시오. 반드시 무찌를 수 있습니다.'

양공이 말했다.

'군자는 부상당한 자를 거듭 찌르지 않고, 흰머리가 태반인 노인은 사로잡지 않으며, 상대방을 위험한 곳으로 밀어 넣지 않고, 상대방이 곤궁할 땐 추격하지 않으며, 전열을 갖추지 못한 적은 공격하지 않는다고 나는 들었소. 지금 초나라가 강을 다 건너지 못했는데, 이들을 공격하는 것은 의로움을 손상시키는 일이오. 초나라 군대가 강을 다 건너 전열을 갖춘 후에 북을 울려 병사들을 진격시키시오.'

우사마가 말했다.

'왕께서는 송나라 백성은 아끼지 않고 자기 병사들의 안전도 생각하지 않으면서, 도의만을 일삼으십니까?'

양공이 말했다.

'대열로 돌아가지 않으면 군법을 시행하겠다.'

우사마는 대오로 돌아왔다. 초나라 군대가 대열을 갖추고 진을 치자, 비로소 양공은 북을 쳐 공격하게 했다. 송나라 군대

는 크게 패했으며, 양공도 다리에 부상을 입고 사흘 만에 죽
었다."

-한비 지음,『한비자』「외저설 좌상」(한문대계, 38쪽)

이샘　당시에 이렇게, 양공은 조롱받고 있었어요. 만약 성안군이 나
　　　는 속임수를 써서 전쟁하는 짓은 않겠다고 말했다면, 당시
　　　사람들로부터 '성안군은 또 다른 양공이다'라는 조롱을 받지
　　　않았을까요? '요순우탕문무'라는 소리 들어 봤죠? 중국의 도
　　　통道通, 즉 도가 전해진 계통의 임금들인데, 여기의 '탕'이 은
　　　나라를 개창한 임금이에요. 송나라는 이 은나라를 이은 나라
　　　고요. 그래서 양공은 은나라 후손이라는 자부심이 대단했던
　　　사람이죠. 재미있는 것은 유학자인 맹자도 송양의 인[宋襄之
　　　仁]이라며 양공을 조롱하고 있다는 사실이에요.

범식　한신에게도 문제가 없는 건 아니야. "오늘 조나라를 격파한
　　　뒤 회식한다"라고 한신이 선언했을 때, 장수들은 그 말을 믿
　　　지 않고 있잖아?

한신은 다시 군 간부에게 말했다.

"조나라 군대는 우리보다 먼저 유리한 곳을 점거하여 성벽을 쌓았

다. 또한 그들은 우리 대장 깃발과 북을 보기 전에는 나와서 우리 선봉을 치려고 하지 않을 것이다. 우리 군대가 좁고 험한 지형을 만나 돌아가지나 않을까 두려워하기 때문이다."

그런 다음 한신은 군사 1만 명을 먼저 보내 물을 등진 채 진을 치게 했다. 조나라 군대는 이것을 보고서는 병법을 모른다며 크게 웃었다.

해 뜰 녘에 한신이 대장 깃발을 세우고 북을 치면서 정형 어귀로 나가자, 조나라가 성벽에서 나와 한참 동안 서로 격렬하게 싸웠다. 한신과 장이가 짐짓 북과 깃발을 버리고 강가에 친 진지로 달아나니 배수진을 치고 있던 군사가 문을 열어 그들을 들어오게 했고, 거기에서 다시 치열하게 싸움이 벌어졌다.

조나라 군대는 정말로 성을 비워 놓고 한나라의 북과 깃발을 차지하려고 한신과 장이를 뒤쫓았다. 하지만 배수진을 친 진지로 한신과 장이가 들어간 뒤 한나라 군대가 죽기 살기로 싸우자 도저히 그들을 무너트릴 수 없었다.

한편, 앞서 한신이 내보낸 기습 기마병 2,000명은 조나라 군사들이 성을 비워 놓고 전리품을 쫓는 사이에 조나라의 성안으로 말을 몰고 들어가 조나라 깃발을 모두 뽑아 버리고 한나라의 붉은 깃발 2,000개를 꽂았다.

조나라 군대는 이미 이길 수도 없고 한신 등을 사로잡을 수도 없다는 생각이 들자 성벽으로 되돌아가려고 돌아섰다. 그런데 조나라 성벽에는 온통 한나라의 붉은 깃발이 펄럭이고 있었다. 조나라 군대는 까무러치게 놀랐다. 한나라 군대가 이미 조나라 왕의 장수들을 다 사로잡았겠구나 하는 생각에 그들은 어지럽게 달아났다. 조나라 장수들이 달아나는 병사들의 목을 베면서 막으려고 했지만 헛짓이었다. 한나라 군대는 앞뒤에서 협공을 펴 조나라 군대를 크게 깨트리고 군사들을 사로잡았으며, 성안군을 지수 언저리에서 목 베고 조나라 왕 헐을 사로잡았다.

뭉술   한신이 배수진背水陣, 즉 큰 강을 등 뒤에 놓고서 군대의 진을 쳤네. 샘! 배수진을 처음 친 사람이 한신인가요?

이샘   문헌상으로 봤을 때, 배수진이라는 말은 한신이 처음 썼어요.

뭉술   한신은 그럼 창의적인 사람이기도 하네요. 뛰어난 분석력에다 창의적이기까지 하니 천하무적이 당연하네. 게다가 병사들은 도망갈 수도 없으니 죽기 살기로 싸웠을 테고. 한신이 정말로 뛰어난 전법을 개발했어. 그렇지 않니?

범식   이 상황에선 뛰어난 전법이었을지 모르지만, 배수진을 치는 것은 굉장히 위험하다고 생각해. 임진왜란 때 신립 장군이 탄금대에서 배수진을 쳤다가 조선군을 몰살시켰잖아? 자기

자신도 죽고.

캐물   두 사건의 결과가 달랐던 것은 둘 사이에 차이가 있다는 소
리인데……. 한신의 배수진과 신립 장군의 배수진 사이엔 어떤
차이가 있었을까?

범식   신립 장군의 병사는 기병대이고 일본군은 보병이었으니까,
말을 움직이기 어려운 문경새재보다는 벌판에서 싸워야 한
다고 신립이 생각한 것은 올바른 판단이었다고 봐. 승승장구
하며 올라오는 일본군을 상대로 배수진을 친 것도 좋았고.
다만 전날 비가 와서 탄금대가 질퍽해진 게 문제였어. 늪처
럼 되었으니 말들이 웅덩이에 푹푹 빠져 잘 달릴 수가 없었
지. 이 조건 하나를 계산에 넣지 못한 게 신립 장군의 실책이
었고, 그 실책은 선조를 평양으로 도망가게 할 정도로 컸어.

캐물   그건 맞아. 하지만, 한신이 배수진 때문에 이긴 건 아니야.

뭉술   무슨 소리야, 그럼 사마천이 틀렸단 말이야?

캐물   그게 아니고, 이 싸움을 세밀하게 분석해 보면 싸움에서 이
긴 군사들은 따로 있다는 소리야. 배수진을 쳤던 군사들은
무승부를 했을 뿐이지. 한신이 숨겨 두었던 기습병 2,000명
이 싸움도 하지 않고 성을 빼앗았잖아. 이긴 군대는 이들이
야. 물론 배수진을 친 군사들이 잘 싸워 주지 않았으면 그런

일은 있을 수 없었겠지만.

뭉술 군대를 둘, 즉 기습병과 배수진을 친 병사로 나눈 것이 그렇
       게 중요한가?

캐물 중요해. 신립 장군의 군대는 그냥 죽기 살기로 싸웠을 뿐, 한
       신이 숨겨 두었던 기습병 2,000명에 해당하는 병력을 따로
       두지 않았어. 여기에서 신립과 한신의 운명이 갈렸다고 봐.
       만약에 한신이 기습병을 두지 않았다면 이 전투에서 이길 수
       있었을까? 처음엔 뒤로 도망갈 수 없는 조건 때문에 죽기 살
       기로 싸웠겠지만, 몇 날이나 그렇게 싸웠다면 기진맥진해서
       결국 몰살당하지 않았을까? 신립 장군이 이끈 군대도 그랬
       어. 나는 한신의 배수진은 '변형된 성동격서'라고 봐.

범식 야, 뛰어난 분석이다. 배수진을 친 군대가 '성동'에 해당한다
       면, 기습병 2,000은 '격서'에 해당한다는 거지?

한신이 군중에 명령을 내렸다.

"광무군을 죽이지 말라. 사로잡아 오면 1,000금으로 사겠다."

그러자 광무군을 묶어서 휘하로 끌고 온 자가 있었다. 한신은 포승
줄을 풀어 주고, 광무군에게 동쪽을 보고 앉도록 한 뒤 자기는 서쪽
을 향하여 대면하고는 그를 스승으로 섬겼다.

장수들이 적의 머리와 포로를 바치며 축하한 뒤 한신에게 물었다.

"병법에는 '산과 언덕은 오른편으로 하여 등지고, 물과 못은 앞으로 하여 왼쪽에 두라'라고 되어 있습니다. 그런데 장군께서는 오늘 저희에게 도리어 물을 등지고 진을 치게 하고선, '조나라를 격파한 뒤 회식한다'라고 하시기에 저희는 마음속으로 받아들이지 않았습니다. 하지만 마침내 이겼으니, 이것은 무슨 전술입니까?"

한신이 대답했다.

"이것도 병법에 있소. 단지 그대들이 알아차리지 못했을 뿐이오. '죽을 곳에 빠뜨린 뒤라야 살릴 수 있고, 망할 곳에 둔 뒤라야 망하지 않을 수 있다'라는 말이 병법에는 있잖소? 나 한신이 평소에 사대부를 길들여 따르게 할 수 있었던 건 아니잖소? 이른바 장돌뱅이들을 몰아다가 싸우게 한 셈이니, 그 형세가 이들을 죽을 땅에 두어 저마다 자신을 위하여 싸우게 하지 않고 살 수 있는 곳을 준다면 모두 달아날 궁리만 할 텐데 어떻게 이들을 통솔할 수 있겠소?"

장수들은 모두 탄복해서 말했다.

"대단하십니다. 저희들은 도저히 미칠 수 없는 경지입니다."

이에 한신이 광무군에게 물었다.

"저는 북쪽으로 연나라를 공략하고 동쪽으로 제나라를 치려고 하는데 어떻게 해야 공을 이루겠습니까?"

뭉술 　포로로 잡은 광무군을 한신이 스승으로 섬겼다고 하네. 왜지?

범식 　광무군의 계책이 받아들여졌으면 한신이 이길 수 없었을 테니 광무군이 한신보다 한 수 위라고 봐야지. 이긴 자는 자만하기 쉬운데 한신은 겸손하기도 하네.

캐물 　배수진을 친 까닭을 한신에게 듣고, 장수들이 모두 "훌륭하십니다. 신들은 도저히 미칠 수 없습니다"라고 한신을 추켜세우는데도, 한신은 대꾸도 하지 않고 광무군에게 다음 계책에 대한 자문을 요구하고 있는 것 좀 봐. 냉철한 정신, 이게 한신이야.

이샘 　한신의 냉철한 정신을 잘 드러내고자 사마천도 고심을 한 것 같아요. 장수들이 "훌륭하십니다. 신들은 도저히 미칠 수 없습니다"라며 한신을 추켜세우는 문장에 바로 이어서 "이에 한신이 광무군에게 물었다"라고 사마천이 썼는데, 부하들의 탄성에도 아랑곳하지 않고 지금 필요한 일을 하는 한신의 모습을 보여 주고 싶어서 사마천이 일부러 "이에"라는 말을 넣었다고 샘은 생각해요.

뭉술 　그런데 한신은 대장군이고 좌승상이잖아. 그런 사람이 "장돌뱅이들을 몰아다가 싸운 것과 같다"라고 한 것은 과장이 좀 지나치지 않니?

범식 그래야 승리가 더 돋보이니까.

캐물 가만, 한신이 위나라와 대나라를 깨트리자 한나라 왕이 문득
      사람을 보내 한신의 정예병을 차출해 갔다는 소리가 있었지?
      그러면 한신이 장돌뱅이들을 데리고 싸웠다는 소리는 과장
      이 아니고 사실이잖아? 오합지졸을 데리고 한신이 승리했단
      소리가 맞아.

광무군이 사양하며 말했다.

"저는 '패장은 용감을 말할 수 없고, 망국의 대부는 나라를 존속시
기는 일을 꾀힐 수 없다'라고 들었습니다. 시금 서는 싸움에서 시고
나라를 망하게 한 포로에 불과한데 어떻게 그렇게 큰일을 저울질할
수 있겠습니까."

그러자 한신이 말했다.

"저는 '백리해가 우나라에 있었을 땐 우나라가 망했으나, 그가 진
나라에 있자 진나라가 제후들의 우두머리가 되었다'라고 들었습니
다. 백리해가 우나라에 있었을 때는 어리석은 사람이었다가 진나라
에 있었을 때는 지혜로운 사람이 된 것이 아닙니다. 그를 썼는지 쓰
지 않았는지, 그의 계책을 받아들였는지 받아들이지 않았는지에서

성패가 갈렸던 것입니다. 만약 성안군이 당신의 계책을 들었더라면 나 같은 이는 벌써 포로가 되었을 것입니다. 성안군이 당신의 계책을 쓰지 않았기에 내가 당신을 모실 수 있게 된 것이지요."

그러고는 한신이 단호한 자세로 말했다.

"내가 마음을 다하여 당신의 계책을 따를 터이니, 결단코 사양하지 마십시오."

광무군이 대답했다.

"저는 '슬기로운 이도 천 번에 한 번은 실수가 있고, 어리석은 이도 천 번에 한 번은 맞춘다'라고 들었습니다. 그래서 '성인은 미치광이의 말 중에서도 가려서 듣는다'라고 하지요. 제 계책이 반드시 쓸 만하지는 않지만 우둔한 마음이나마 말씀드리겠습니다. 성안군은 백 번 싸워 백 번 이길 방법이 있었는데도, 하루아침에 실수하여 군대는 호의 성 밑에서 패하고 자신은 지수 가에서 죽임을 당했습니다.

지금 장군께서는 서하를 건너 위나라 왕 표를 사로잡고, 연여에서 하열을 사로잡았으며, 단번에 정형을 내려와 하루가 가기도 전에 조나라 대군 20만 명을 깨트리고 성안군을 베었습니다. 장군의 이름은 땅 끝까지 알려지고, 그 위세는 천하를 뒤흔들었습니다. 농부들은 멸망할 날이 얼마 남지 않았다고 여겨 쟁기를 풀어 농사짓는 것을 그만두고, 아름다운 옷에 맛난 음식을 먹으면서도 장군의 명령에 귀를 세우지 않는 이가 없습니다. 이 점은 장군에게 이롭습니다.

그러나 백성들은 피로하고, 군사는 지칠 대로 지쳐서 실제로는 쓸 수가 없습니다. 그런데도 지금 장군께서는 지쳐 흐물흐물한 병사들을 몰아 수비가 튼튼한 연나라 성으로 단숨에 쳐들어가려고 하십니다. 싸울 마음이 생겨 오랫동안 힘을 쓰더라도 성을 빼앗지 못할 것입니다. 그러다가 이쪽의 힘든 실상이 드러나고, 기세가 꺾인 채 날만 지나가다 보면 군량미마저 바닥날 것입니다.

약한 연나라조차 항복하지 않는 것을 본 제나라는 반드시 국경의 방비를 갖추어서 스스로 강화할 것입니다. 연나라와 제나라가 서로 의지를 하며 항복하지 않는다면, 유방과 항우의 싸움은 판가름 나지 않을 것입니다. 이것은 장군에게 불리한 점입니다.

어리석은 제 생각으로는 연나라와 제나라를 치려는 것은 잘못인 듯합니다. 군사를 잘 부리는 이는 자신의 단점을 사용해서 적의 장점을 치는 것이 아니라, 자신의 장점을 사용해서 적의 단점을 칩니다."

한신이 물었다.

"그러면 어떻게 해야겠습니까?"

뭉술 광무군은 자기 말을 안 들어 조나라를 멸망하게 만든 성안군
      에게 유감이 많겠지?

범식   당연하지. 그래서 광무군이 "성안군은 백 번 싸워 백 번 이길

      계책이 있었는데, 하루아침에 실수하여 군사는 호의 성 밑에

      서 깨지고 성안군 자신도 지수 가에서 죽고 말았다"라고 했

      겠지.

캐물   물론 성안군에 대해 광무군은 그런 마음일 거야. 하지만 광

      무군이 한신에게 이 말을 한 것은, 성안군에 대한 섭섭함을

      내뱉기 위해서 그런 것 같지는 않아.

범식   그럼 한신과도 관계있는 말이라는 거니?

캐물   그렇다고 봐야 하지 않을까?

뭉술   광무군이 한신에게 자기 자랑을 하고 싶었다는 거니?

캐물   그건 아닌 것 같아. 한신에게 제안하는 계책을 보면, 자기 나

      라가 망한 마당에 자기 자랑이나 하고 있을 사람은 아니야.

범식   혹시, '한신 너도 내 말을 안 들으면 성안군처럼 죽어!'라는

      의미로 한 말은 아닐까?

캐물   그럴듯해.

뭉술   정말 말 속에서 칼이 춤추고 있구나. 이렇게 말 잘하는 광무

      군이 한신에게 한 말을 누가 한번 분석해 봐.

범식   먼저 한신에게 자기 말을 들을 수밖에 없도록 분위기를 조성

      하고, 다음엔 한신에게 유리한 점을 말한 뒤, 마지막에 가서

한신에게 불리한 점을 얘기했어.

뭉술   불리한 점만 있는 게 아니라 유리한 점도 있는데, 왜 한신은
       광무군의 말에 따라 자신이 세운 계획을 수정했지?

범식   유리한 점을 말한 대목의 마지막 부분, "그렇지만 백성들은
       피로하고 군사들은 지칠 대로 지쳐, 실제로는 쓸 수가 없다"
       라는 말 때문이라고 봐. 유리한 점은 겉보기만 그렇게 보일
       뿐 실상을 잘 따져 보면 빈껍데기라는 소리지.

뭉술   결국 한신에게 유리한 점이 없다는 거네.

캐물   그렇지.

광무군이 대답했다.

"지금 장군은 싸움을 멈추어 군사들을 쉬게 하고, 전쟁 통에 부모
잃은 아이들을 어루만져 조나라를 위로하고, 백 리 안의 땅에선 쇠고
기와 술로 날마다 잔치를 벌여 사대부들을 대접하고, 병사들에게 술
을 먹이십시오. 그런 뒤에 북쪽 연나라로 향하는 것이 가장 좋은 계
책입니다.

그런 다음 변사에게 간단한 편지를 들려 연나라로 보내 장군의 장
점을 알리게 하면 연나라는 복종하지 않을 수 없습니다. 연나라가 복
종해 오면, 변사를 동쪽 제나라로 보내 연나라가 복종했다는 것을 알

82

연燕

계薊

조趙

진양晉陽

양국襄國

제齊

임치臨淄

안읍安邑

한韓

팽성彭城

양적陽翟

함양咸陽

서초西楚

남정南鄭

육六

한漢

임강臨江

회남淮南

강릉江陵

장사長沙

야랑夜郎

임상臨湘

야랑夜郎

민월閩越

동야東冶

전滇

전滇

남월南越

번우番禺

리십시오. 그러면 제나라는 바람에 쓸리듯이 복종할 것입니다. 슬기로운 이가 있더라도 제나라를 위한 묘책을 낼 수 없습니다. 이렇게 되면 천하의 일을 도모할 수 있습니다. 병법에, 먼저 큰소리를 치고 실제 싸움은 나중에 한다는 게 바로 이것입니다."

한신이 대답했다.

"좋소."

한신이 그의 계책을 따랐다. 변사를 연나라로 보내자 연나라는 바람에 쓸리듯이 복종했다. 이에 한신은 사자를 보내 한나라 왕에게 아뢰고, 이 참에 장이를 조나라 왕으로 세워 조나라를 어루만질 것을 청했다. 한나라 왕이 그 청을 받아들여 장이를 조나라 왕으로 세웠다.

초나라는 여러 차례 기습병을 보내 황하를 건너 조나라를 쳤다. 조나라 왕 장이와 한신은 왔다 갔다 하며 조나라를 구원했다. 또한 이 기회를 타, 가는 곳마다 조나라 성읍을 평정하고 병사를 징집해 한나라로 보냈다.

범식 광무군의 계책은 의외로 단순해. 한마디로, "자기 약점을 없애라"야.

뭉술 그 구체적인 방법은 앞에서 지적한 대로 전쟁에 지친 백성들을 어루만지는 것, 그리고 싸우느라 쉴 틈이 없었던 병사들을 쉽게 해 주는 것, 이게 다야. 그러고는 연나라와 제나라에 차례로 통보만 하면 되니, 참 쉽네!

캐물   어떻게 이렇게 간단할 수 있지? "비록 지혜로운 이가 있더라도 제나라를 위한 묘책을 낼 수 없습니다"라고 말하는 광무군의 자신감을 보면 그냥 하는 소리는 아닌 것 같은데…….

뭉술   광무군의 계책이 틀림 없다면, 이건 '신神의 한 수'야. 어떻게 이렇게 간단한 게 신의 한 수가 될 수 있는 거지?

이샘   한신은 조나라를 물리친 뒤 바로 연나라를 치려고 했잖아요? 어떤 상황이기에 한신처럼 주도면밀한 사람이 그런 계획을 짰을까요?

범식   그렇게 해도 충분히 승산이 있다고 여겼겠죠.

이샘   그래요. 당시 지도를 놓고 생각해 보세요.

캐물   한신이 정복한 나라를 합한 크기에 비하면 연나라가 너무 작은데?

범식   한신이 속한 한나라는 이제 엄청나게 큰 나라가 되었어. 광무군의 말은, 월등히 큰 나라는 내부만 잘 단결되어 있으면 옆에 있는 나라가 지레 겁을 먹고 항복해 온다는 소리야. 반대로 내부가 단결되어 있지 않으면 아무리 국력에서 큰 차이가 나더라도 소용없는 일이고.

뭉술 한신이 신의 한 수를 놓칠 리 없지. 한신이 누군데!

캐물 그건 그렇고, 마지막 문장에 보면 성읍을 평정한 뒤 한신이

병사를 뽑아 한나라로 보내고 있어. 이상하지 않니?

범식 한나라에 병력이 필요했고, 또 한나라 왕이 한신의 주군이니

까 그렇게 했겠지.

캐물 그렇긴 하지만…….

정예 군사를 빼앗고 허명을 받들라 한다

초나라가 갑자기 한나라 왕을 형양에서 포위했다. 한나라 왕은 남쪽으로 빠져나와 완과 섭 지역 사이로 가 경포를 자기편으로 만들었다. 그러곤 재빨리 성고 지역으로 들어갔다. 초나라는 재빠르게 또다시 에워쌌다. 6월에 한나라 왕이 성고에서 빠져나와, 등공만 데리고 동쪽으로 황하를 건너 수무 지역에 있는 장이의 군대로 나아갔다. 수무에 이르러 한나라 왕은 여관에서 잠을 잔 뒤, 새벽에 자신을 한나라 사자라고 하며 말을 달려 조나라 성으로 들어갔다.

　장이와 한신은 자고 있었다. 한나라 왕은 그들의 침실로 들어가 도

장과 병부를 빼앗고 장수들을 불러 다시 배치했다. 한신과 장이는 잠자리에서 일어나 한나라 왕이 와 있는 것을 알고는 까무러치게 놀랐다. 한나라 왕은 두 사람의 군대를 빼앗았다. 그런 뒤 장이에게는 조나라를 지키게 하고, 한신을 상국으로 임명하고는 조나라 병사 중 아직 뽑히지 않은 자를 수습하여 제나라를 치게 했다.

뭉술   한신의 승승장구에 초왕 항우가 드디어 다급해졌는데?

범식   항우보다 한나라 왕 유방이 더 다급해진 게 아니고?

캐물   이제 알겠다. 내가 저번에 뭔가 있을 것 같은데 딱 꼬집어 말할 수 없다고 한 적 있잖아. 이제 말할 수 있겠어. 한신이 위나라와 대나라를 쳐서 이기자, 한나라 왕이 사람을 보내 한신의 정예병들을 빼 가는 바람에 한신에겐 장돌뱅이들을 모아 놓은 군사들밖에 없었던 거 생각나지? 한나라 왕은 그때부터 한신을 잠재적인 적수로 여기고 그의 힘을 줄이려고 했던 거야. 장이와 함께 조나라 성읍을 평정하고서 병사를 뽑아 한나라로 보낸 것도, 한신의 세력이 커지는 것을 막기 위해 한나라 왕이 한신에게 병사를 뽑아 자기에게 보내라고 요구했을 게 틀림없어.

뭉술   그게 맞는 것 같아. 그렇다면 한신은 한나라 왕이 자기를 잠

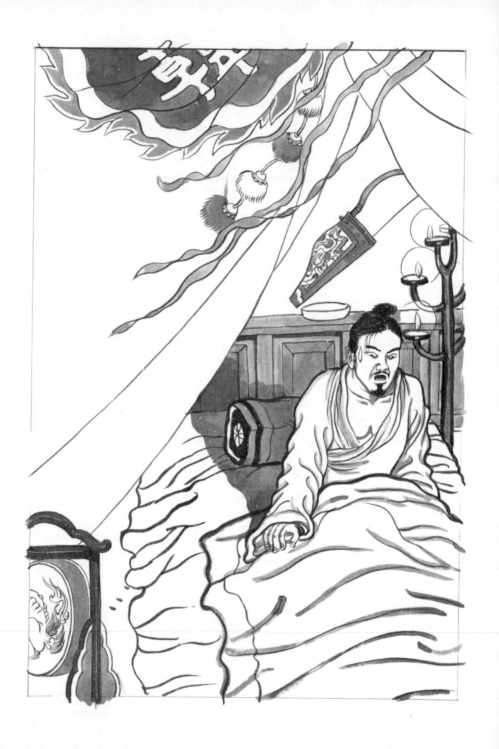

재적인 적수로 여기고 있다는 눈치를 못 챘을까?

범식 　지금까지 읽었던 것에 따른다면, 몰랐던 것 같아. 하지만 이
　　　번엔 눈치 채지 않았을까? 한나라 왕의 태도가 마치 친위 쿠
　　　데타를 일으키듯 너무 심했잖아.

뭉술 　그래도 한신을 상국으로 올려 줬어.

캐물 　그래서 한나라 왕이 더 야비하다는 느낌이 들어. '이름'은 주
　　　되 '실질'적인 힘은 빼앗는 수법을 쓰니까. 전쟁 때 실질적인
　　　힘은 군대 아니겠어? 한나라 왕이 한신의 군대를 번번이 빼
　　　가잖아. 겨우 병사를 준다는 게 조나라 병사 중에서 아직 뽑
　　　히지 않은 자들, 그것도 한신 '스스로' 수습해서 군대를 꾸리
　　　라고 하고 있어.

범식 　성문도 열지 않은 새벽에 자신을 한나라 사자라고 속이고서
　　　성안으로 들어와 한신이 가진 군대를 다 빼앗아 버린 걸 보
　　　면, 한나라 왕이 야비하다는 생각이 나도 들기는 해. 하지만
　　　그는 한신의 주군이잖아?

뭉술 　아무리 주군이어도 그렇지, 이건 떳떳하지도 않고 당당하지
　　　도 않아.

캐물 　이때 한신의 마음이 어땠을까?

이샘 　한신과 장이가 잠자리에서 깨어났을 때 한나라 왕이 와 있는

것을 알고는 까무러치게 놀랐다고 했는데, 앞에서 우리가 읽었던 부분에서도 '까무러치게 놀랐다'는 말이 나왔어요. 어딘지 아세요?

범식   배수진을 친 한신의 군대와 싸우던 성안군의 군대가 까무러치게 놀랐다고 했어요.

뭉술   맞아요. 배수진을 친 한신의 군대와 싸우다가 힘이 들어 우선 돌아갈까 하고 성안군의 군사들이 뒤돌아보았는데 자기네들 성城이 이미 적의 수중에 들어가 있는, 마치 도깨비에 홀린 듯한 장면에서 그 말이 쓰였어요. 결국 그렇게 놀란 성안군의 군대는 몰살당했죠.

이샘   한신과 장이가 지금 그런 느낌이라는 것을 말하고 싶어서 사마천이 일부러 같은 낱말을 골랐다는 생각이 들지 않으세요?

한신이 병사들을 이끌고 동쪽으로 갔다. 아직 평원진을 건너기 전이었는데, 한나라 왕이 역이기를 시켜 제나라를 설득하고 항복을 받아냈다는 말이 들려와 한신은 제나라 치는 일을 그만두려고 했다. 이때 범양의 변사 괴통이 한신에게 말했다.

"장군이 조서를 받고 제나라를 치려 했는데, 한나라 왕이 독단적으로 밀사를 보내 제나라를 항복시켰습니다. 최소한 장군에게 제나라

치는 것을 그만두라는 조서라도 있어야 하지 않겠습니까? 어떻게 가지 않을 수 있겠습니까?

또한 역이기는 한낱 사士인데, 수레를 타고 세 치 혀를 놀려 제나라의 칠십여 성을 항복시켰습니다. 반면에 장군께선 수만 명의 장병을 이끌고도, 한 해가 지나도록 조나라의 성 오십여 개밖에 항복시키지 못했습니다. 장군이 된 지 여러 해가 되었는데도 보잘것없는 유사儒士(유교를 따르는 선비)의 공만도 못해서야 되겠습니까?"

이에 한신은 고개를 끄덕이고 그의 계책을 따라 마침내 황하를 건넜다. 제나라는 역이기의 말을 듣고서 그를 머물게 한 뒤 크게 술자리를 벌이고는 한나라에 대한 방비를 풀었다. 한신은 이 틈을 타 제나라 역성 아래에 있던 군대를 습격하고, 마침내 임치에 이르렀다. 제나라 왕 전광은 역이기가 자기를 속였다고 생각해 그를 삶아 죽이고, 고밀로 달아나 초나라로 사신을 보내 구제해 달라고 했다.

한신은 임치를 평정하고, 동쪽으로 전광을 뒤쫓아 고밀의 서쪽에 이르렀다. 초나라도 장군 용저로 하여금 20만 대군을 이끌고 가 제나라를 구하게 했다.

범식   한나라 왕은 왜 한신에게 제나라를 치라고 해 놓고 한신 몰래 제나라에 밀사를 보내 항복을 받아내려 했을까?

캐물   한나라 왕이 한신을 영원한 동지로 믿지 못하니까 그랬겠지.
       한신을 잠재적인 적수로 여기고 있다는 게 점점 또렷해져.

뭉술   제나라도 연나라처럼 싸워 보지도 않고 항복해 버리네!

범식   앞에서 광무군이 말한 그대로 된 건데 뭐.

뭉술   정말, 신神의 한 수였구나.

캐물   그렇다면, 이것은 한나라 왕이 한신의 공적을 가로챈 셈이나
       다름없잖아?

뭉술   유방, 계속 야비 모드로 가기로 작정한 건가? 그래도 한신에
       게 제나라 진군을 멈추라는 통지는 보낼 수 있잖아?

캐물   만약, 한신이 괴통의 말을 안 듣고 자기 판단대로 진군을 멈
       췄으면 어떻게 되었을까?

범식   그러면 명령 불복종이지!

뭉술   여차하면 한신을 죽일 수도 있다는 소리네?

캐물   유방이 정말 한신에게 덫을 놓았을까? 벌써 한신을 묶어 두
       어야 했나? 그러면 항우는 어떻게 하려고?

범식   앞에서 봤잖아. 국가 크기와 전력 차가 워낙 큰 경우에는 큰 쪽
       의 내부가 단결되어 있기만 하면 게임은 끝이라고. 제아무리
       항우라 해 봤자 제나라까지 한나라에게 넘어가면 초나라, 즉
       남동쪽 귀퉁이도 다 차지하지 못한 항우가 뭘 어떻게 하겠어.

캐물　범식이 네 말이 맞는 것 같다. 한나라 왕은 제나라를 자기 쪽으로 돌리기만 하면 항우 따위는 적수가 아니라고 본 거지. 하지만 제나라가 한신에게 항복한다면, 한신의 세력이 너무 커져서 이제는 한신이 자기의 적수가 될 거라고 생각했을 테고.

뭉술　제나라가 한나라 왕에게 항복한 걸 모른 체하고 한신은 제나라로 진군했는데, 이것은 명령 불복종은 아니지만 한나라 왕을 무시한 거잖아?

캐물　진군할 수도, 진군하지 않을 수도 없는 딜레마에 빠진 거지.

범식　아니, 이건 딜레마가 아니야. 전령을 보내 한나라 왕에게 어떻게 할까 하고 물으면 되잖아.

캐물　그게 간단치 않아. 한나라 왕이 제나라에 보낸 건 밀사야. 비밀이란 거지. 왕이 비밀리에 추진한 것을 한신이 알고 있다면, 그건 한신이 한나라 왕 주변에 자기 사람을 심어놓았다는 소리가 돼. 유방이 가만히 있을까?

뭉술　갑자기 너무 복잡해졌다. 초나라의 대군 20만과 제나라의 연합군을 한신이 어떻게 처리하는가를 보자.

제나라 왕 전광과 용저가 군사를 합해 한신과 싸우려는데, 용저에게 말을 넣는 사람이 있었다.

"한나라 군대는 먼 곳에서 싸우러 왔으니 있는 힘을 다해 싸울 겁니다. 그러니 그 날카로운 기세를 감당하기 어렵습니다. 반면에 제나라와 초나라는 자기 나라 땅에서 싸우기 때문에 병사들이 달아나기 쉬우니, 성벽을 높이 쌓아 지키는 게 좋습니다. 그러면서 제나라 왕으로 하여금 그가 신임하는 신하를 보내, 잃어버린 성을 이쪽으로 돌아오게 공작하는 편이 낫습니다. 함락된 성 사람들은 제나라 왕이 살아 있고, 또 초나라 군대가 제나라 왕을 돕고 있다는 말을 들으면 반드시 한나라를 배반할 것입니다. 한나라 군대는 2,000리나 떨어진 타국에 와 있습니다. 제나라에 속했던 성들이 모두 배반하면, 형세로보아 한나라 군대는 식량조차 얻을 수 없을 테니 싸우지 않고도 항복시킬 수 있습니다."

용저가 말했다

"내 오래 전부터 한신의 됨됨이를 잘 알고 있으니, 쉽게 상대할 수 있소. 제나라를 구제한다면서 싸우지도 않고 한나라 군대를 항복시키면 내게 무슨 공이 있겠소. 지금 싸워서 이기면 제나라의 절반은 내 것이 될 것이오. 어찌 싸우지 않을 수 있겠소."

마침내 싸우기로 결정하고 유수를 사이에 두고 한신에 맞서 진을 쳤다.

한신은 밤에 1만여 개의 주머니를 만들게 하여 거기에 모래를 가득 채워 유수의 상류를 막게 했다. 그러고는 군사를 이끌고 물을 절반쯤 건너가 용저를 공격하다가 지는 척하고 뒤돌아서서 도망쳤다. 용저는 과연 기뻐하며 말했다.

"한신이 겁쟁이란 것은 벌써부터 알고 있었다."

그러고는 한신을 뒤쫓아 유수를 건너기 시작했다. 한신이 사람을 시켜 모래주머니로 만든 둑을 트게 하자, 갑자기 큰 물살이 밀어닥쳤다. 용저의 군사는 절반도 건너지 못했는데, 한신이 급히 습격해 용저를 죽였다. 그러자 유수 동쪽에 남아 있던 용저의 군사가 흩어져 도망치고 제나라 왕 전광도 달아났다. 한신은 달아나는 적을 쫓아가 성양에서 초나라 군사를 모두 포로로 잡았다.

뭉술　을지문덕의 원조가 한신이구나.

범식　앞에서 봤던 성안군처럼, 용저도 아랫사람이 하는 소리를 귀담아 듣지 않아서 패가망신했지 뭐.

캐물　용저와 성안군은 닮은 점이 많아. 우선 범식이 말처럼 올바른 소리인데도 다른 사람의 말을 따르지 않는다는 것이고, 상대편을 우습게 보는 점도 같아.

뭉술　둘 다 패해서 죽게 된 것도 같은 점이지.

캐물 쉬운 길이 있다는 것을 알면서도 자기 무용을 자랑하기 위해 일부러 어려운 길을 가는 것도 같은 점이고. 둘 사이에 다른 점은 없을까?

범식 용저는 한몫 챙기기 위해 어려운 길을 택했지만, 성안군은 이기적인 마음이라기보다는 겁쟁이란 소릴 듣고 싶지 않아서 그 길을 택했어. 이게 다르다고 봐야지.

캐물 샘! 어떤 사람이 용저에게 "제나라와 초나라는 자기 나라 땅에서 싸우기 때문에 병사들이 달아나기 쉽습니다"라고 했는데, 자기 나라에서 싸우니까 더 목숨을 걸고 싸우지 않을까요?

뭉술 익숙한 곳이니까 도망가기도 더 쉽겠다는 생각이 드는데?

이샘 캐물이와 뭉술이 말이 다 맞아요. 문제는 어떤 경우에 병사들이 목숨 걸고 자기 나라를 지키고, 또 어떤 경우에 도망가느냐는 거죠.

뭉술 싸움판이 불리해지면 도망가겠지요.

범식 싸움판이 불리하다고 다 도망가진 않잖아? 임진왜란을 봐! 오히려 의병을 일으켜 싸웠어.

뭉술 두 시대 사이엔 근 2,000년의 간극이 있잖아.

캐물 맞아. 하지만 그때라고 목숨 걸고 싸우는 백성들이 없었을까? 문제는 목숨 걸고 지킬 만한 나라였냐겠지.

이샘 그래요. 유방이나 항우보다 100년도 더 전에 살았던 맹자가 왕들에게 인자한 정치제도[인정仁政]를 세우라고 한 이유 중의 하나도 그 때문이었어요. 왕이 백성들을 자식처럼 여겨 인자한 정치제도를 세우면, 백성들도 그를 부모처럼 여기고 나라를 지켜서 '천하무적의 나라'가 된다고 했죠. 게다가 그 당시 군대는 대부분 '병농일치제'에 따라 밭을 가는 평범한 농부들을 강제로 징집하거나, 기근에 시달리는 농민·유랑민 등에게 먹여주겠다며 확보한 병력이었어요. 그래서 목숨을 걸고 싸우겠다는 의식도 부족했죠. 전문 전사 집단에 비해 병력이 많더라도 전투력은 높지 않았으며, 전황이 불리하면 달아나기 일쑤였죠. 그래서 한신처럼 이들의 마음을 움직여 군율을 따르게 하고, 책략을 쓰거나 부대 배치를 교묘하게 해서 전력 이상의 효과를 내는 장수를 명장이라 불렀어요.

뭉술 용저가 자기는 한신의 됨됨이를 오래 전부터 잘 알고 있다고 했잖아? 정말인가?

범식 정말일 거야. 한신이 원래 초나라 출신이잖아. 그래서 처음에 항우의 삼촌인 항량 밑에 있다가, 항량이 죽자 항우 밑으로 들어갔고. 용저는 초나라 장군이니까 한신을 알고 있었겠지.

캐물   맞기는 한데, 용저의 말은 단순히 같은 초나라 출신이어서 잘 안다는 뜻으로 말한 건 아니라고 생각해.

뭉술   그럼 뭔데?

캐물   한신이 용저를 공격하다가 지는 체하고 달아나자, 용저가 한 말이 뭐였지?

뭉술   "한신이 겁쟁이란 것은 벌써부터 알고 있었다!" 이거 그냥 하는 소리 아닌가?

범식   아니야. 한신 이야기 첫 장면에 세 가지 일화가 있었잖아? 한신이 앳된 젊은이의 가랑이 밑으로 기어갔을 때, 시장 사람들이 모두 한신을 겁쟁이라고 했어. 그 일을 두고 하는 소리 같아.

뭉술   그럼 용저가 그 자리에 있었단 말이야?

범식   그렇다기보다는, 소문이 나서 알게 되었다고 봐야지.

캐물   그럼 한신이 지는 체하고 도망간 것은, 그런 자기의 소문을 거꾸로 이용한 거라고 볼 수 있겠네.

뭉술   이것도 지피지기인가? 겁쟁이란 소리가 약이 되었구나.

범식   최소한 지피지기의 응용이라고는 할 수 있겠지.

한나라 4년, 한신은 드디어 제나라를 완전히 평정하고 한나라 왕에게 사자를 보내 아뢰게 했다.

"제나라는 거짓이 많고 변덕이 심하며 반기를 잘 드는 나라인 데다가 남쪽으로는 초나라와 맞닿아 있습니다. 임시로 왕을 세워서 누르지 않으면 안정되기 어려운 형세입니다. 신을 임시 왕으로 세워 주시면 편하겠습니다."

그 무렵 초나라가 한나라 왕을 갑자기 습격하여 형양에서 포위하고 있었는데, 마침 한신의 사자가 왔다. 한나라 왕은 한신의 편지를 펴 보고 크게 화를 내며 욕설을 퍼부었다.

"나는 여기서 곤경에 빠져 누가 와서 도와주기만을 아침저녁으로 바라고 있는 판국인데, 저는 스스로 왕이 될 생각만 하고 있단 말인가!"

장량과 진평이 일부러 한나라 왕의 발을 밟았다. 사죄하는 척하며 왕의 귓가에 속삭였다.

"한나라는 지금 불리한 처지에 놓여 있습니다. 한신이 왕 노릇하는 걸 어떻게 막을 수 있겠습니까. 차라리 한신을 왕으로 세워 주고 잘 대접해 자발적으로 제나라를 지키게 하는 편이 낫습니다. 그렇지 않으면 변란이 일어납니다."

한나라 왕이 이를 깨닫고 다시 꾸짖어 말했다.

"대장부가 제후를 평정했으면 진짜 왕이 되어야지 어째서 임시 왕이 된단 말이냐!"

이에 장량을 보내 한신을 제나라 왕으로 세우고, 그의 병사를 징발하여 초나라를 치게 했다.

캐물　또 나왔어. 한나라 왕이 한신을 적수로 여기고 있다는 게 이
　　　젠 확실히 보여.

뭉술　뭘로 봐서?

캐물　또 한신의 군대를 빼앗아 가잖아. 어쩔 수 없이 한신을 제나
　　　라 왕으로 삼아 주면서도, 한신의 세력을 축소시키기 위해
　　　장량에게 한신의 군대를 빼 오게 하잖아.

범식　드디어 장자방(장량)이 나왔구나. 이제 장량과 한신의 수 싸
　　　움이 벌어질 차례인가?

뭉술　벌써 벌어졌어.

캐물　한나라 왕이 한신을 제나라 왕으로 봉해 주지 않았으면 어떻
　　　게 되었을까? 한나라 왕의 꾀주머니란 소리를 듣는 장자방이
　　　걱정한 게 바로 이 점이잖아!

뭉술　한나라 왕과 한신 사이가 틀어졌겠지.

캐물　그럴 경우 누가 더 잘못했다는 소리를 들을까?

뭉술   당연히 한나라 왕이지. 한신이 그 정도 해 줬으면 이 정도의
       보답은 해 줘야 하는 거 아냐?

범식   한나라 왕이 한신을 제나라 왕으로 봉해 주지 않았다면, 그
       것을 명분으로 삼아 한신이 독립을 선언할 수 있었다는 소리
       네. 그래서 장자방과 진평이 한신을 제나라 왕으로 그냥 책
       봉해 주라고 한나라 왕에게 말했구나. 한신이 독립하는 걸
       막기 위한 계책이었구만.

캐물   한신이 자신을 제나라 왕으로 삼아 달라고 했을 때, 혹시 한
       신도 독립할 명분을 찾고 있었던 건 아닐까? 한나라 왕이 자
       신을 의심하고 있다는 건 새벽에 들이닥쳐 한신에게서 군대
       를 빼앗아 갔을 때 이미 확실해진 거니까, 한신도 살길을 찾
       아 나섰다고 봐야 하지 않을까?

뭉술   그 말이 맞는다면 한신으로선 제나라 왕으로 책봉된 게 달
       갑지만은 않았겠는걸? 장자방이 한신의 수를 이미 다 내다
       본 거라고 할 수 있잖아. 처음부터 한신이 장자방에게 밀리
       는데?

범식   꼭 그렇다고 할 수는 없어. 한신이 자신을 제나라 왕으로 삼
       아 달라고 했을 때, 한신은 한나라 왕이 들어줘도 좋고 들어
       주지 않아도 좋다는 생각이 아니었을까? 들어주지 않으면 독

립해서 스스로 왕이 되고, 들어주면 제나라 왕이 되고. 이런 걸 양수겸장兩手兼將이라고 하지.

뭉술 그건 한신이 제나라 왕으로 만족할 때에나 해당하는 소리지. 그걸로 만족하지 못한다면, 기껏 만든 기회를 한신은 장량 때문에 날리게 된 거잖아.

캐물 뭉술이 말이 맞다는 생각이 든다. 한신이 제나라 왕 정도로 만족하는지를 염두에 두고 앞으로 일어날 일을 살펴보자.

뭉술 그나저나 한나라 왕은 그런 복잡한 상황을 장자방의 한마디 말에 순간적으로 알아챈 거잖아. 그러고선 "대장부가 제후를 평정했으면 진짜 왕이 되어야지, 어째서 가짜 왕이 된단 말이냐!"라고 하는 걸 보면, 순발력이 뛰어난 배우 같지 않니?

범식 그것도 천자에게 필요한 자질인가?

망설이며, 차마 배반하지 못하니

용저가 패망하자, 두려워진 초나라 항왕은 우이 출신 무섭을 보내 제나라 왕 한신을 설득케 했다.

"온 천하가 진나라에게 오랫동안 괴로움을 당했던지라, 서로 힘을 합쳐 진나라를 공격해 무너트렸습니다. 그런 뒤 공적에 따라서 땅을 나누고, 그 땅의 왕이 되게 하여 병사들을 쉬게 했습니다. 그런데 지금 한나라 왕이 다시 군대를 일으켜 동쪽으로 침략해 남의 땅을 빼앗았습니다. 삼진을 깨트린 뒤에는, 병사를 이끌고 함곡관에서 나와 다른 제후들의 병사를 거두어서 동쪽으로 초나라를 치고 있습니다. 온 천하를 삼키기 전에는 멈추지 않을 것입니다. 만족을 모르는 그의 탐욕은 이렇듯 심합니다.

게다가 한나라 왕은 믿을 수도 없습니다. 그 목숨이 항왕의 손에 여러 차례 쥐어졌지만, 항왕은 그때마다 가엾게 여겨 살려 주었습니다. 하지만 한나라 왕은 위기를 벗어나기만 하면 곧 약속을 어기고 항왕을 공격하곤 했습니다. 그를 가까이할 만한 믿음이 없는 게 이와 같습니다.

당신은 지금 한나라 왕과 두텁게 사귀고 있다고 여겨 한나라 왕을 위해 힘을 다해 군대를 지휘하고 있지만, 마지막엔 그에게 사로잡힐 것입니다. 당신의 목이 여태껏 붙어 있는 것은 항왕이 아직 건재하기 때문입니다. 지금 한나라 왕과 항왕의 싸움에서 저울추는 당신의 손에 있습니다. 당신이 오른쪽으로 추를 던지면 한나라 왕이 이기고 왼쪽으로 던지면 항왕이 이기게 되어 있습니다. 오늘 항왕이 망하면 다음에는 당신을 멸망시킬 것입니다.

당신은 항왕과 연고도 있습니다. 어찌하여 한나라에 반기를 들어 초나라와 손잡고 왕이 되어 천하를 셋으로 나누지 않습니까? 이 절호의 기회를 버리고 스스로 한나라를 믿고 초나라를 치다니, 지혜로운 자는 이와 같단 말입니까?"

한신은 거절하며 말했다.

"내가 항왕을 모신 적이 있지만 벼슬은 낭중에 지나지 않았고 지위는 집극에 머물렀으며, 말해도 들어주지 않고 계책을 세워도 쓰이지 않았습니다. 그래서 초나라를 버리고 한나라로 갔습니다. 한나라 왕은 나를 대장군에 임명하고 나에게 수만 명의 대군을 주었습니다. 그의 옷을 벗어 나에게 입히고, 그의 먹을 것을 나에게 먹였으며, 말하면 들어주고 계책을 올리면 써 주었습니다. 그래서 내가 오늘 여기에 이를 수 있었습니다.

나를 마음 깊이 아끼고 믿어주는 사람을 배반하는 것은 상서롭지 못한 짓입니다. 죽는다 하더라도 마음을 바꿀 수는 없습니다. 나를 위하여 항왕에게 거절해 주시기 바랍니다."

범식   제나라가 한신의 수중에 떨어지자 항우가 한신에게 접근해
       왔어. 이것을 보면 한나라 왕이 한신을 따돌리고 제나라에
       밀사를 보냈던 게 이해가 된다. 앞에서 말했듯이, 제나라를
       한나라 왕이 자기 수중에 넣으면 항우와의 게임은 끝난 것이
       나 다름없다고 여긴 게 틀림없어.

뭉술   그런데 괴통 때문에 한나라 왕의 계획이 틀어졌지. 그 결과
       한신에게 제나라를 넘겨주고 왕으로 분봉해 주었고.

캐물   한신이 항왕의 제안을 거절한 것 말이야, 한신은 정말 황제

가 될 욕심이 없었던 걸까, 아니면 명분이 없어서 그런 걸까?

뭉술 명분이야 만들면 되는 거 아닌가?

범식 그렇기도 하지만, 배신을 뒷받침해 줄 명분을 쉽게 만들 수는 없을 거야.

캐물 한신이 한나라 왕으로부터 독립을 한다 하더라도 항우와 손잡지는 않겠지. 한신 말마따나 항왕은 자기를 알아주지 않았지만, 한나라 왕은 아무런 능력도 보인 적이 없는 자기를 대장군으로 삼아 주었어. 그것도 목욕재계까지 하고서 말이야.

뭉술 은혜를 저버리기 쉽지 않겠지. 더구나 그는 지금 유방으로부터 제나라 왕으로 인정받고 있는 마당이기도 하고.

무섭이 돌아간 뒤, 제나라 사람 괴통은 천하 대권의 추가 한신에게 있음을 알고 기발한 책략으로 한신의 마음을 움직이려고 했다. 그는 관상을 잘 본다며 한신을 설득했다.

"저는 관상 보는 법을 익혔습니다."

한신이 물었다.

"선생께선 어떤 방법으로 관상을 봅니까?"

괴통이 대답했다.

"귀하게 되느냐 천하게 되느냐는 골상에 달려 있고, 근심이 생기느냐 기쁨이 생기느냐는 얼굴의 모양과 빛깔에 달려 있으며, 성공과 실패는 결단에 달려 있습니다. 이것을 참작해 판단하면 만의 하나도 어긋나지 않습니다."

한신이 말했다.

"좋습니다. 선생이 보시기에 과인의 관상은 어떻습니까?"

괴통이 대답했다.

"잠깐만 틈을 내 주십시오."

한신이 말했다.

"모두 물러가라."

괴통이 말했다.

"장군의 얼굴 관상을 보니 제후에 지나지 않으며, 그조차도 위태로워 불안합니다. 그러나 장군의 등에 나타난 상은 귀하기가 이를 데 없습니다."

한신이 물었다.

"무슨 말입니까?"

캐물   또 괴통이 나섰는데?

뭉술   한신을 제나라 왕으로 만든 일등 공신이잖아.

범식   그때는 제나라로 계속 진격하라는 괴통의 말을 한신이 받아

110

들였지.

몽술　항왕이 보냈던 무섭의 설득과는 다를까?

캐물　관상으로 분위기를 잡는 폼이 뭔가 심상치 않아!

괴통이 대답했다.

"천하가 처음 어지러워졌을 때, 영웅호걸들이 왕이라고 일컬으며 한 번 소리치자 천하의 인사들이 구름과 안개처럼 모여들어, 물고기 비늘처럼 포개지고 불똥이나 바람처럼 거셌습니다. 이때의 걱정은, 어떻게 해야 진나라를 멸망시킬 수 있는가 하는 것뿐이었습니다.

그런데 지금 초나라와 한나라가 서로 다투게 되자 천하의 죄 없는 사람들의 간과 쓸개가 땅바닥에 흩어지게 되었고, 아버지와 아들의 해골이 들판에 수도 없이 나뒹굴고 있습니다. 초나라 사람 항왕은 팽성에서 일어나 달아나는 적을 쫓아 이리 치고 저리 치다가 형양에 이르렀으며, 그 승세를 타고 여러 곳을 차지하니 위세가 천하를 뒤흔들었습니다. 그러나 그의 군대는 경수와 삭수 사이에서 곤경에 빠지고 서산에 가로막혀 나아가지 못한 지 벌써 삼 년입니다. 한나라 왕은 군사 수십만 명을 거느리고, 공과 낙에서 험준한 산과 강을 방패로 삼아 하루에도 몇 번이나 싸웠지만 한 치의 공도 세우지 못하고 오히려 패배했습니다. 도와주는 사람이 없어 형양에서 지고, 성고에서 상처를 입어 완과 섭 사이로 달아났습니다.

이것이 바로 지혜로운 한나라 왕이나 용감한 항왕 둘 다 곤경에 처한 꼴입니다. 날카로운 기세는 험준한 요새에서 꺾이고, 양식은 창고에서 바닥을 드러냈고, 백성은 지칠 대로 지쳐 원망이 그득하고 의지할 곳을 찾지 못하고 있습니다.

범식　무섭과는 다른데! 항우는 믿을만하지만 유방은 믿을 수 없는 인간이라는 게 무섭이 말한 골자였어.

뭉술　항우 밑에 있으면서 항우의 됨됨이를 밑바닥까지 들여다본 한신을 그렇게는 설득할 수 없지!

캐물　괴통은, 진나라를 멸망시킨 지금 "천하의 죄 없는 사람들의 간과 쓸개가 땅바닥에 흩어지고, 아버지와 아들의 해골이 들판에 수도 없이 나뒹굴고 있는" 현실을 한신에게 상기시켰어. 왜 그랬을까?

뭉술　빨리 전쟁을 끝내야 한다는 것 말고 다른 뜻이 있겠어?

범식　무섭의 제안을 한신이 거부하면서 내세웠던 게 은혜와 의리였잖아, 그 짐을 내려놓을 명분을 한신에게 제공하려 한 게 아닐까?

형세로 보아, 천하의 현성賢聖이 아니고서는 천하의 환란을 도저히 그치게 할 수 없다고 생각합니다. 그런데 지금 한나라 왕과 항왕의 운명은 당신에게 달렸습니다. 당신께서 한나라를 위하면 한나라가 이길 것이고 초나라 쪽에 붙으면 초나라가 이길 것입니다. 그래서 저는 속마음을 드러내 간과 쓸개를 내보인 채 어리석은 계책을 보이려 하는데, 당신께서 받아들이지 않을까 걱정입니다. 제 계책을 써주시기만 하면 한나라와 초나라 양쪽 다 이로워 공존하고, 천하를 셋으로 나누어 솥의 발처럼 서 있게 하겠습니다. 그러면 어느 누구도 감히 먼저 움직이지 못할 형세가 될 것입니다.

당신은 현성賢聖하고 무장한 병사를 많이 가지고 있습니다. 그것을 바탕으로 강대한 제나라에 의거하여 연나라와 조나라를 복종시키고, 주인 없는 땅으로 나아가 그 후방을 누르며, 서쪽으로 가서 백성이 바라는 대로 두 나라의 싸움을 끝내게 하여 백성의 생명을 구하십시오. 그러면 천하는 바람처럼 달려오고 메아리처럼 호응할 것입니다. 감히 누구도 당신의 명령을 듣지 않을 수 없을 터이니, 그때 큰 나라를 나누고 강한 나라를 약화시켜 제후들을 세우십시오. 제후가 서게되면 천하가 복종하며 그 은덕을 제나라에 돌릴 것입니다.

당신은 교와 사가 제나라의 옛 땅임을 내세워 그곳을 차지하고, 덕으로써 제후들을 품어 궁궐 깊숙한 곳에서 두 손 모아 절하면서 겸손한 태도를 보이십시오. 그러면 천하의 군주들이 서로 와서 제나라에 조공할 것입니다. 하늘이 주는데도 받지 않으면 도리어 벌을 받고, 때가 되었는데도 과감하게 행동하지 않으면 도리어 재앙을 입는다고 들었습니다. 이 점, 깊이 생각해 보시기 바랍니다."

한신이 말했다.

"한나라 왕은 나를 정성껏 대접했습니다. 그의 수레에 나를 태워 주고, 그의 옷을 나에게 입혀 주었으며, 그가 먹을 것을 나에게 먹였습니다. '남의 수레를 타는 자는 그의 우환을 제 몸에 싣고, 남의 옷을 입는 자는 그의 근심을 제 마음에 입으며, 남의 것을 먹은 자는 그의 일을 위해 죽는다'라고 들었습니다. 내 어찌 이익을 위해 의로움을 버릴 수 있겠습니까."

뭉술   끝내 은혜를 저버리지 않는 한신이네.

범식   앞부분의 세 가지 에피소드 중에도 은혜와 관련된 내용이 있었잖아. 빨래하던 아주머니가 한신에게 밥을 대주자, 한신이 은혜를 크게 갚겠다고 했어.

캐물   그렇다면 그 에피소드는 출사하기 전 한신의 모습을 알려 주기 위한 정도의 단순한 이야기가 아닐 수도 있겠다. 한신의 삶이 은혜를 저버리지 않는 삶이었다는 것을 사마천은 말하고 싶었던 거라는 생각이 드는데?

뭉술 그런 것 같아. 용기가 오직 하나가 아니란 것도 세 에피소드에 있던 사건에서 깨달은 거였어. 이름을 떨치기 위해 참았던 한신의 모습은 그가 세운 인생의 푯대가 뭔지도 알려 줬고. 이런 게 사마천의 글쓰기 방식이구나!

범식 새벽 일찍 자기들끼리 밥을 해 먹고, 한신이 왔을 땐 입을 딱 씻었던 사람에게 바로 절교를 선언하는 한신의 모습을 통해 사마천은 한신의 자존심을 보여 주기도 했어. 그 자존심은 항우에게 계책을 올렸다가 받아들여지지 않자 한신이 도망가는 것으로 나타나기도 했고, 유방이 그를 높이 쓸 것 같지 않자 역시 도망가는 것으로 또 나타났지.

캐물 그건 그렇고, 천하를 위해서라면 사적인 은혜와 의리는 버릴 수 있는 거 아닌가?

뭉술 내세우는 대의가 단지 자기를 합리화하기 위한 명분이 아니라면 그럴 수 있겠지.

범식 한신이 마지막까지 유방 편에 서면, 전쟁도 빨리 끝나고 중국 천하가 통일이 될 테니까 세 나라로 갈려 있는 것보단 훨씬 안정적이라고 해야겠지.

뭉술 그 말은 곧 한신이 천하 사람들의 고통을 없애기 위해 유방

에게 반기를 들었다고 말한다면 그야말로 명분을 위한 명분
에 지나지 않는다는 소리잖아?

캐물 한신도 그것을 알았을 거야. 그래서 그는 "내가 어떻게 이익
때문에 의로움을 버릴 수 있겠습니까?"라고 했겠지. 이것을
보면 한신이야말로 대의에 죽고 사는 유학자, 즉 선비였다는
생각이 들어. 『맹자』 책을 열자마자 나오는 게 맹자가 양혜왕
에게 "하필 이익을 묻습니까? 인자함과 의로움이 있을 따름
입니다"라는 말이잖아?

뭉술 마치 「한신 열전」이 다 끝난 분위긴데? 아직 내용이 한참
더 남아 있잖아요.

괴통이 말했다.

"당신은 한나라 왕과 친한 사이라고 여겨 만대를 이어갈 나라를 함
께 세우려고 하십니다만, 제 생각에 그것은 잘못입니다. 처음에 상산
왕 장이와 성안군 진여가 평민일 때는 서로를 위해 목숨을 내어줄 만
큼 막역한 사이였지만, 장염과 진택의 일로 다툰 뒤로는 서로 원망
하게 되었습니다. 상산왕 장이는 항왕을 배반하고 항영의 머리를 베
어 들고 도망쳐 한나라 왕에게 귀순했습니다. 한나라 왕이 장이에게
병사를 빌려주자, 그는 동쪽으로 내려가 성안군 진여를 지수 남쪽에

서 죽이니 진여의 머리와 다리가 흩어져 천하의 웃음거리가 되었습니다. 상산왕과 성안군이 서로 사귈 때는 천하에서 둘도 없는 사이였습니다. 그런데도 결국은 서로 잡아먹으려고 한 것은 무엇 때문입니까? 걱정거리는 욕심 많은 데서 생기는데, 사람의 마음은 헤아릴 수 없기 때문입니다.

지금 당신은 충성과 신의를 가지고 한나라 왕과 사귀려고 하지만, 그 사귐은 상산왕과 성안군의 사귐보다 든든하지 않습니다. 또한 당신과 한나라 왕 사이에 틀어진 일은 장염과 진택 사이에 있었던 일보다 많고 큽니다. 그래서 저는, 한나라 왕이 결코 당신을 위태롭게 하지 않으리라고 당신이 믿는 것은 잘못이라 생각합니다. 옛날 대부 종과 범려는 망해 가는 월나라를 존속시키고, 월나라 왕 구천을 제후들의 우두머리로 만들어 공을 세우고 이름을 떨쳤지만, 그들 자신은 죽임을 당했습니다.

들짐승을 다 없앤 뒤엔 사냥개를 삶아 먹는 법입니다. 사귐으로 보면 장이가 성안군과 친했던 것에 미치지 못하며, 충성과 믿음으로 보면 대부 종과 범려가 구천에게 한 것에 미치지 못합니다. 이 두 가지 일을 거울로 삼고, 부디 당신은 깊이 생각하십시오.

또한 저는 '용기와 지략이 뛰어나 군주를 떨게 만드는 자는 그 자신이 위태롭게 되고, 공적이 천하를 덮는 자에겐 줄 상이 없다'라고 들었습니다. 대왕(한신)의 공로와 지략을 말씀드리면, 서하를 건너가서 위나라 왕과 하열을 사로잡았고, 군대를 이끌고 정형으로 내려가 성안군을 베고 조나라를 항복시켰습니다. 연나라를 협박해 항복시키고 제나라를 평정했으며, 남쪽으로 향해 초나라 군사 20만 명을 깨트리고 용저를 죽였다고 한나라 왕에게 보고했습니다. 이것이야말로 '천하에 둘도 없는 공로이고, 세상에 없던 지략'이었습니다. 지금 당신은 군주를 떨게 할 만한 위세를 머리에 이고 있고, 상을 줄 수 없을 만한 공로를 옆구리에 끼고 있습니다. 초나라로 돌아가면 초나라 사람이 믿지 않을 것이고, 한나라로 돌아가면 한나라 사람이 떨며 두려워할 것입니다. 당신께서는 이런 위력과 공로를 가지고 어디로 돌아가시겠습니까? 신하 자리에 있으면서 군주를 떨게 하는 위세를 지니고 명성을 천하에 떨치고 있는 형국이니, 제 생각에는 당신께서 위태롭습니다."

한신이 감사를 표하면서 말했다.

"선생께선 잠시 쉬십시오. 내 이 문제를 생각해 보겠습니다."

며칠 뒤 괴통은 다시 한신을 설득했다.

"남의 의견을 듣는 순간부터 일은 일어나고 있는 것이며, 계산하는 순간 그것은 일의 기틀이 됩니다. 진언을 잘못 받아들여 계책에 실패하고도 오래도록 편안한 이는 드뭅니다. 진언을 분별할 때 가장 중요한 것 한두 가지를 놓치지 않으면 말로 어지럽힐 수 없고, 계산할 때 처음과 끝을 잃지 않으면 자잘한 말에 혼란되지 않을 수 있습니다.

나무나 베고 말을 먹이는 정도의 일을 따르는 이는 만승의 천자가 될 만한 권위를 잃어버리고, 자그마한 봉록을 지키는 데 여념이 없는 이는 총리나 대신의 자리를 지키지 못합니다. 그러므로 지혜는 일을 결단하고, 의심은 일을 해칩니다. 터럭같이 작은 계획이나 따지고 있으면 천하의 큰 운수를 놓치고, 지혜가 있어 운수를 알면서도 과감하게 행동하지 않으면 일을 그르치는 화근이 됩니다. 그래서 '맹호라도 망설이고 있으면 벌이나 전갈만 한 해도 끼치지 못하고, 준마라도 발만 구르고 있으면 노둔한 말의 느린 걸음만도 못하며, 명분과 같은 힘을 갖추고도 여우처럼 의심만 하고 있으면 보통 사람들이 일을 감행하는 것만도 못하고, 순임금이나 우임금의 지혜가 있더라도 입을 다물고 말하지 않으면 벙어리나 귀머거리의 손짓 발짓만도 못하다'라고 하는 것입니다. 이는 실행하는 것이 귀중하다는 뜻입니다. 공적은 이루기는 힘드나 실패하기는 쉬우며, 때는 얻기 어려우나 잃기는 쉽습니다. 그 때는 다시 오지 않습니다. 당신은 이 점을 자세히 살피십시오."

그러나 한신은 망설이며 차마 한나라를 배반하지 못했다. 또한 자신이 공이 많으니 한나라가 끝내 자기에게서 제나라를 빼앗지는 못할 것이라고 여기고 괴통의 제안을 물리쳤다. 괴통은 한신이 자기 말을 들어주지 않자, 거짓으로 미친 척하고는 무당 노릇을 했다.

뭉술   괴통, 엄청난데!

범식   빼어난 말솜씨다.

캐물   빼어난 말솜씨에도 넘어가지 않고 자기 신념을 지키는 한신은 또 어떻고.

뭉술   천하를 위한다는 명분이 안 먹히자 목숨을 가지고 협박해도 꿈쩍도 하지 않는 한신, 멋진 인간이다.

범식   괴통이 어떤 내용으로 한신을 설득하려 했는지 간략하게라도 정리해 보자. 바로 앞에서 다뤘던 본문부터 보면, 먼저 항우와 유방이 싸워 지혜로운 자 용감한 자 백성 할 것 없이 모두 괴로움을 겪고 있다는 것을 말한 뒤, 자기 계책을 쓰면 발이 셋 달린 솥처럼 한신·유방·항우 세 사람이 공존하여 세상이 평화로워진다고 했어. 유방을 배신해야 한다는 걸 꺼림칙하게 여기는 한신의 마음을 돌리려고 괴통이 놓은 회심의 한 수이지.

뭉술   그 다음엔 한신이 마음만 먹으면 성사될 수밖에 없는 조건을 열거하면서, "하늘이 주는데도 받지 않으면 도리어 벌을 받고, 때가 찼는데도 행동하지 않으면 도리어 재앙을 받는다"
는 소리가 있다며 한신을 은근히 협박했어.

캐물 이에 한신이 "이익 때문에 의로움을 버릴 수는 없다"며 단호
한 태도를 보이자, 괴통은 "우환은 욕심 많은 데서 생기는데,
사람의 마음은 예측할 수 없다"는 말과 함께 역사적인 예를
들면서 한나라 왕 유방이 한신 당신을 배신할 게 틀림없다고
설득했지.

뭉술 거기서 그 유명한 토사구팽이란 고사가 동원되었고.

범식 그런데 토사구팽을 하는 것은 한나라 왕이 비열하고 파렴치
해서 그런 것이 아니라 이치상 그렇다는 거야. "용기와 지략
이 뛰어나 군주를 떨게 만드는 자는 그 자신이 위태롭고, 공
적이 천하를 덮은 자에겐 줄 상이 없다"라는 옛 말을 인용하
면서, 지금 한신 당신은 신하이면서 군주를 떨게 만드는 위
세를 가지고 있고 명성이 천하에 높으니 위태로운 상황이다.
그러므로 지금 망설일 때가 아니라고 다그치고 있어. 그럴듯
하지 않니?

뭉술 이렇게 말하는데도 따르지 않을 사람이 있을까? 이런 말을
듣고도 설득당하지 않은 한신이 대단하긴 하지만.

캐물 항우가 보낸 무섭이란 사람의 꼬드김부터 괴통의 설득까지

가 분량이 엄청 길어. 사마천이 이렇게 길게 지면을 채운 까닭이 있을 것 같은데?

뭉술   그래야 한신의 거절이 더 돋보이니까.

범식   한신이 독립하라는 말을 이렇게 길게 듣고 있었다는 것은 그만큼 한신이 흔들렸다는 소리가 아닐까? 그것을 알려 주고 싶은 사마천의 글쓰기 기법일 거란 생각이 들어.

캐물   한신이 흔들렸던 건 분명해. 한신은 '망설이면서' 차마 한나라를 배신하지 못했다고 하잖아. 한신이라고 왜 흔들리지 않았겠어. 차마 그러지 못하는 마음이 더 강했을 뿐이었겠지. 이 마음이야말로 유교를 따르는 선비의 마음이지. 이 마음이 바로 불인인지심不忍人之心이야. 그런 점에서 한신은 진정한 유학자였다고 난 생각해.

뭉술   한신이 끝내 자신의 계책을 따르지 않자 괴통이 "거짓으로 미친 척하고는 무당 노릇을 했다"라는 대목에선 마음이 약간 스산해진다.

범식   이제 한신은 어떻게 될까?

한나라 왕이 항왕의 공격으로 고릉에서 궁지에 몰렸다. 그가 장량의 계책을 받아들여 제나라 왕인 한신을 불러들이자, 한신이 군대를 이끌고 와 해하에서 한나라 왕과 만났다. 한신이 항우를 격파하자, 고조(한나라 왕)는 제나라 왕인 한신의 군사를 습격해서 빼앗았다.

범식   샘! 한나라 왕이 장량의 계책을 써서 제나라 왕인 한신을 불러들였다는데, 그 계책이 뭐죠?

이샘   이 내용은 「항우본기」에 잘 나와 있어요. 항우와 유방이 싸우다 강화조약을 맺어 중국을 둘로 나눠 한쪽씩 갖기로 했지요. 그런데 그때 항우의 군대는 엄청 지쳐 있었어요. 그래서 장량이 유방에게 강화조약을 깨고 항우 군대를 치라고 말해요. 유방이 한신과 팽월을 만나 고릉에서 항우군을 공격하기로 약속을 했죠. 그런데 약속한 날이 되었는데도 한신과 팽월이 오지 않는 거예요. 항우는 유방이 강화회담을 깼다는 것을 알고 유방 군대를 공격했어요. 유방은 원래 전투에선 항우의 적수가 안 되니 큰 타격을 받았죠. 그런데도 유방은 한신과 팽월을 벌줄 생각만 하고 장자방에게 어떻게 해야겠느냐고 물어요. 이에 장자방이 "초나라 군대는 곧 무너질 정도로 약해졌습니다. 그런데도 한신과 팽월은 아직 봉지封地를 받지 못했습니다. 그들이 오지 않은 것은 당연하지 않습니까? 진현 동쪽은 한신에게 주고, 수양 이북부터 곡성까지의 땅은 팽월에게 주기로 약속하면 그들이 올 것입니다"라고 말해 유방이 그대로 따랐죠. 그렇게 해서 한신·팽월·유방군이 연합해 항우를 완전히 격파했어요. 사면초가四面楚歌 고사라든가 패왕별희覇王別姬 이야기도 이 싸움 때 나왔어요. 항우를 완전히 물리친 뒤엔 우리가 지금 막 본 「회음후(한신)열전」에 나온 대로 유방이 한신에게서 군대를 빼앗았고요.

캐물   지금껏 유방이 한신의 군대를 야금야금 빼앗다가 여기서 결정적으로 한신의 세력을 꺾은 건가요?

이샘   그렇다고 볼 수 있어요.

범식   한신이 땅에 대한 욕심을 안 낸 게 아니네. 약속도 어겼고.

캐물   욕심을 냈지. 하지만 중국 땅을 혼자 차지하려고는 안 했어. 유방이 그에게도 땅을 나눠 주기를 바랐는데, 유방 혼자 차지하려고 해서 그랬지.

범식   물론 그렇지. 한나라 왕 유방이 도둑처럼 새벽에 신분을 속이고 들어와서 한신의 군사를 자신의 군사로 만들 때부터 유방과 한신의 사이는 틀어지기 시작했고, 이에 대한 책임이 유방에게 더 많기는 하지.

뭉술   한신은 한나라 왕을 배신할 것인가를 두고 무척 오랫동안 망설였어. 그런데 한나라 왕은 조금의 주저함도 없이 전광석화처럼 한신의 군권을 빼앗아 버리네.

범식   그렇게 말하니까, 사마천이 괴통의 설득 장면을 아주 길게 묘사한 까닭을 확실히 알 수 있겠어. 한신의 군권을 빼앗는 장면을 이렇게 극도로 짧게 말하니까, 결단할 땐 칼날처럼 예리하게 내려치는 유방의 성격이 잘 드러나네.

뭉술   사마천의 이름이 헛이름이 아니라는 게 나도 느껴져.

캐물   그런데 유방이 맨 처음 한신에게 좋은 계책을 말해 보라고 했을 때, 한신이 용기와 인자함에 대해 말한 적이 있잖아?

범식   그래. 항우는 평범한 사내의 용기와 아녀자의 인자함을 가졌을 뿐이라며, 유방에겐 천자에 걸맞은 인자함과 용기를 가지라는 투로 말했지.

캐물   그렇다면 지금 한나라 왕이 보여 주는 용기와 인자함은 한신이 요구했던 것이라고 할 수 있을까?

뭉술   어느 정도는 그랬기 때문에 중국을 제패하고 그 왕조가 오래 갔다고 봐. 안 그랬으면 진시황의 나라처럼 금방 무너졌겠지.

범식   그 문제는 역사를 좀 더 구체적으로 살펴야 말할 수 있다고 생각해.

캐물   샘! 이것에 대해 말씀 좀 해 주시죠?

이샘   유방이 한신에게는 천자의 용기도 천자의 인자함도 보여 주
     지 못한 게 사실이에요. 하지만 중국을 제패한 뒤 유방이 펼
     친 정책은 한신이 요구했던 천자의 용기와 천자의 인자함을
     상당한 정도로 편 것도 사실이지요.

뭉술   아이러니네요. 구체적으로 말씀해 주세요.

이샘   한신이 요구했던 것은 한마디로 말하면 공신들에게 땅을 떼
     주고 제후로 봉하라는 봉건제라고 할 수 있어요. 그런데 유
     방은 전적으로 봉건제를 실시하지도 않았고, 그렇다고 진나
     라의 군현제를 부활시키지도 않았어요. 대신에 봉건제와 군
     현제를 절충한 군국제를 실시했죠. 뿐만 아니라 오랜 전쟁
     통에 피폐해진 백성들을 위로하기 위해 '도교'를 정치 기조
     로 삼았어요. 즉, '일을 만들지 말고 백성을 쉬게 해 주어야
     한다'는 분위기가 한나라 조정을 이끌게 한 거죠 이런 분위
     기는 한나라 무제 때까지 죽 이어졌어요. 임진왜란이 끝난
     뒤 조선의 선비들 사이에서도 한나라 초창기의 정치를 본받
     아야 한다는 생각이 지배적이었다는 것을 아울러 말씀드리
     고 싶네요.

범식   조선의 선비들이 『사기』도 열심히 읽었나 보죠?

이샘   그럼요. 앞에서 정조와 강이천의 토론에서도 볼 수 있지만,

조선의 선비들은 『춘추』, 『사기』, 『자치통감』 등 중국 역사책을 수십 수백 번 읽어 역사를 쫙 꿰고 있었어요. 역사를 잘 알아야 정치를 올바르면서도 제대로 할 수 있다고 여겼기 때문이죠.

은덕을 베풀다가 그만두었으니

한나라 5년 1월에 제나라 왕 한신을 옮겨서 초나라 왕으로 삼고 하비에 도읍하게 했다.

한신은 초나라에 이르자, 무명 빨래를 하며 한신에게 밥을 주었던 아주머니를 불러 1,000금을 내렸다. 또, 하향의 남창 정장에게는 100전을 내리면서 말했다.

"그대는 소인이다. 은덕을 베풀다가 중간에 그만뒀기 때문이다."

또, 한신에게 가랑이 밑을 기어가게 하여 모욕을 주었던 젊은이를 불러 초나라의 중위로 삼고, 여러 장군과 재상에게 말했다.

"이 사람은 장사다. 나에게 모욕을 주었던 그때, 내 어찌 이 사람을 죽일 수 없었겠는가. 그를 죽인다면 이름을 드러낼 수 없어서 모욕을 견뎠다. 그래서 참고 오늘에 이른 것이다."

뭉술   야! 한신에게 밥덩이 몇 번 준 아주머니 인생역전이네. 1,000금이면 도대체 로또에 몇 번 당첨된 거지?

캐물   부러우면 뭉술이 너도 빨래하고 있다가 굶주린 젊은이가 오거든 얼른 밥해 먹여. 참, 요즘엔 빨래터가 없지!

뭉술   캐물이, 너 자꾸 장난칠래!

범식   자, 그만하고. 그 젊은이를 죽이면 '자기 이름'을 드러낼 수 없어서 가랑이 밑으로 기어가는 모욕을 참았다고 한신이 말했네.

캐물   바로 그거야! 한신은 나중에 자기 이름이 크게 드러나리라는 걸 믿고 있었어. 그래서 그 젊은이를 비웃을 수 있었던 거야.

범식   자기 이름을 떨치는 것과 젊은이를 비웃는 것 사이에 어떤 관계가 있지? 약간은 관계가 있는 것 같긴 하지만…….

캐물   젊은이가 하는 꼴로 봐서, 그가 나중에 어떻게 될 것인가를 한신은 안 거지. 기껏 해 봐야 너는 깡패에 지나지 않겠구나 하는 생각이었겠지. 그래서 한신이 그 젊은이를 오랫동안 응시했던 걸 거야.

뭉술 음, 그럴듯한데.

범식 한신은 그 젊은이한테 진짜 심한 모욕을 받았었잖아? 그런데 왜 그를 벌주지 않지? 자신은 이미 천하를 들었다 놨다 할 정 도로 이름을 떨쳤는데.

뭉술 그만큼 덕이 있는 사람이라고 자기를 과시하고 싶어서겠지.

캐물 죽이지 않을 뿐 아니라, 그를 장사라고 하며 무관武官으로 삼 은 것으로 보아 뭉술이 말이 맞는 것 같아. 하지만 한신이 공 정한 덕이 있다는 것은 이것으로 입증이 되었지만, 그때 한 신이 그 젊은이를 죽일 만한 용기가 있었는지는 아직도 밝혀 지지 않았잖아?

뭉술 그러네.

범식 알았다. 지금 한신이 그 사람을 죽일 수 있다는 것은 누구나 다 인정하잖아. 그런데 그를 죽이지 않는단 말이야. 한신은 그때도 그 젊은이를 죽일 수 있었지만 지금처럼 죽이지 않았 다는 걸 은연중에 드러내고 싶어서 그 젊은이를 그렇게 대했 다고 나는 생각해.

항왕이 망하자 항왕의 장수 종리매는 도망쳤는데, 초나라의 이려라는 지역에 집이 있어 거기에 숨었다. 그는 본래 한신과 사이가 좋았기 때문에 항왕이 죽은 뒤 한신에게로 망명해 온 것이다.

한나라 왕은 종리매에게 원한이 있었는데, 그가 초나라에 와 있다는 말을 듣고 초나라에 조서를 내려 종리매를 붙잡으라고 했다. 한신은 초나라에 막 부임했기 때문에 현과 읍을 순행할 때면 군대의 진을 유지한 채 행차했다. 한나라 6년에 어떤 사람이, 초나라 왕 한신이 모반했다고 글을 올렸다.

고조(한나라 왕 유방)는 진평의 계책에 따라 천자가 순행한다며 제후들을 모두 불러 모으기로 했다. 남쪽에 운몽이라는 큰 호수가 있는데, 고조는 사자를 보내 제후들에게 말하게 했다.

"진(운몽에 이르기 전에 있는 지역)으로 모두 모이시오. 내가 운몽으로 갈 것이오."

사실은 한신을 습격해 붙잡으려고 한 것이었지만 한신은 그것을 알지 못했다. 고조가 초나라에 이를 즈음에, 한신은 병사를 일으켜 반기를 들까도 생각했지만 스스로 죄가 없다는 생각에 그냥 고조를 만나려고 했다. 그러면서도 사로잡힐까 걱정을 하고 있었다. 그때 어떤 사람이 한신에게 말했다.

"종리매의 목을 잘라 황제에게 바치십시오. 그러면 황제께서 틀림없이 기뻐할 테니 걱정할 필요가 없습니다."

한신이 종리매를 만나 이 일을 상의하자, 종리매가 말했다.

"한나라가 초나라를 쳐서 빼앗지 않는 까닭이 뭐겠습니까? 내가 당신 밑에 있기 때문이지요. 만약 당신이 나를 잡아 한나라에 잘 보이고 싶다면, 나는 오늘이라도 죽을 것입니다. 그러나 당신도 뒤따라 망할 것입니다."

그러고는 한신을 꾸짖으며 말했다.

"당신은 큰 인물이 아니오."

그는 스스로 목을 찔러 죽었다. 그러자 한신은 그의 목을 가지고 진으로 가서 고조를 알현했다. 고조가 무사들을 시켜, 한신을 묶고 수레에 싣게 했다. 한신이 말했다.

"정말 사람들이 '날랜 토끼가 죽으면 훌륭한 사냥개를 삶아 먹고, 높이 나는 새가 없어지면 좋은 활도 처박아 두고, 적국을 깨트리고 나면 지모 있는 신하는 죽게 된다'라고 하더니, 천하가 이미 평정되었으니 내가 삶겨 죽는 게 당연하구나!"

황제가 말했다.

"당신이 모반했다고 말한 사람이 있소!"

그러고는 한신의 손발에 차꼬와 수갑을 채웠다. 낙양에 이르러서야 한신의 죄를 용서하고 그를 회음후로 삼았다.

캐물 샘! 종리매에 대해서 이야기해 주세요.

이샘 한신이 맨 처음 항량 밑으로 들어갔잖아요. 그때 종리매도 같이 갔어요. 그래서 둘은 친했죠. 항량이 죽자 항우가 그 자리를 이었는데, 항우의 성격이 포악하고 장군들에게도 함부로 하는지라 휘하의 장군들이 많이 도망갔어요. 하지만 종리매는 항우가 죽을 때까지 그의 곁을 떠나지 않은 사람이에요. 종리매는 항우의 장수들 중에서도 손에 꼽히는 전략가여서, 유방 측을 엄청 괴롭혔죠. 심지어는 유방이 종리매가 쏜 활에 가슴을 맞기도 했어요. 뛰어난 전략가에다 충직하기까지 하니까, 유방은 간계를 써서 종리매를 항우에게서 떨어뜨려 놓으려 했죠. 유방 측에서 종리매가 반란을 도모한다고 모함하는 소문을 퍼뜨렸어요. 이것에 속아 넘어간 항우는 종리매를 멀리했죠. 하지만 종리매는 항우가 목숨을 끊을 때까지 곁을 지켰어요. 그런 뒤 옛 친구인 한신에게 찾아와 의탁한 거지요.

뭉술 참으로 의리 있는 사람이구나.

범식 의리를 중시하는 한신이 의리의 인간을 죽였네.

캐물 이건 한신답지 않다고 해야 하나? 종리매는 어쩌자고 한나라 왕을 섬기는 한신에게 자기 목숨을 의탁하려고 했을까?

뭉술 진짜로 한신이 토사구팽의 신세에 처했네. 한신은 괴통의 말
      대로 한나라 왕에게서 독립해 천하를 정립鼎立했어야 하는
      건가?

범식 그랬으면 동아시아 역사가 바뀌었을 테고, 그에 따라 세계
      역사도 바뀌지 않았을까?

뭉술 역사가 그렇게 한 사람에 의해 바뀌나?

캐물 일반적으로는 역사의 흐름 속에 한 개인이 놓이지만, 특정한
      순간에는 한 개인이 역사의 물길을 바꾸기도 한다는 생각이
      들어.

범식 나도 영웅의 역할이 있다고 생각해.

한신은 한나라 왕이 자기의 재능을 두려워하고 미워하는 것을
알았기에 늘 병을 핑계로 조회에 나가지도 않고 수행하지도 않았다.
한신은 밤낮으로 고조를 원망하며 불만을 품었다. 또한 강후 주발이
나 관영 등과 동급에 있는 것을 부끄럽게 여겼는데, 한번은 한신이
장군 번쾌의 집에 들렀다. 번쾌가 무릎을 꿇고 절하면서 마중하고,
한신에게 자신을 신臣이라고 일컬으면서 말했다.

"대왕께서 신의 집까지 친히 왕림해 주셨군요."

한신이 문을 나와 쓴웃음을 지으며 말했다.

"살아서 번쾌 같은 이들과 같은 반열이 되다니!"

고조는 일찍이 한신과 함께 편하게 여러 장수의 능력을 말하면서, 각자 등급을 매긴 일이 있었다. 고조가 물었다.

"나 같은 사람은 어느 정도의 군대를 이끌 수 있겠소?"

한신이 대답했다.

"폐하께선 10만 명은 잘 이끌 수 있습니다."

고조가 물었다.

"그대는 어느 정돈가?"

한신이 대답했다.

"신은 많으면 많을수록 좋습니다."

고조가 웃으면서 말했다.

"많으면 많을수록 좋다면서 어찌하여 나에게 사로잡힌 신세가 되었소?"

한신이 대답했다.

"폐하께선 병졸을 다루는 데는 서툴지만, 장수는 아주 잘 다루십니다. 이것이 바로 한신이 폐하께 잡힌 까닭입니다. 또한 폐하의 자리는 이른바 하늘이 주는 것이지, 사람의 힘으로 어찌할 수 있는 것이 아닙니다."

캐물   한신을 데리고 놀고 있는 한나라 왕을 보니 씁쓸하네.

범식   극진히 대접하는 번쾌를 우습게 여기는 한신의 태도도 바람 직하진 않은데?

캐물   맞아. 옛날의 한신이 아니야.

뭉술   하지만 한나라 왕에게 말하는 한신의 태도는 아직도 당당해. 한나라 왕은 10만 명 정도의 군사밖에 못 거느리지만, 자기 는 다다익선多多益善이라 말하고 있잖아.

캐물   다다익선! 좋지. 하지만 의미 없는 당당함이야.

범식   마지막에 한신이 한나라 왕에게 "폐하께서는 병졸을 다룰 줄 은 모르지만, 장수는 잘 다루십니다. 이것이 바로 한신이 폐 하께 잡힌 까닭입니다"라고 했는데, 반란을 일으키지 않은 걸 후회하고 있는 건가?

캐물   그런 느낌도 들어 있겠지. 하지만 자신을 '한신'이란 3인칭을 써서 표현한 것으로 보아 객관적으로 말한 거라고 생각해. 그 뒤에 이어지는 "폐하의 자리는 이른바 하늘이 주는 것이 지, 사람의 힘으로 어찌할 수 있는 것이 아닙니다"라고 말하 는 데서도 그 태도가 드러났다고 봐.

뭉술   하늘 때문이라고 맘을 먹어야 편하겠지.

범식   한신은 정말 황제는 하늘이 내리는 거라고 믿었을까?

진희가 거록군 태수로 임명되어 회음후 한신에게 작별 인사차 왔다. 회음후가 그의 손을 잡고 주위를 물리친 뒤에, 뜰을 걷다가 하늘을 우러러보고 탄식하며 말했다.

"그대에게는 말할 수 있겠지? 그대와 하고 싶은 말이 있소."

진희가 말했다.

"예, 장군께서는 명령만 하십시오."

회음후 한신이 말했다.

"그대가 태수로 부임하는 곳은 천하의 정예군사가 모여 있는 곳이오. 그리고 그대는 폐하께서 믿고 총애하는 신하요. 그대가 모반했다고 누가 말하더라도 폐하께서는 믿지 않을 게 틀림없소. 그렇지만 그런 기별이 두 번 이어지면 폐하께서는 의심할 테고, 세 번째는 반드시 화를 내며 직접 나설 것이오. 그때 내가 그대를 위해 중심부에서 일어나면 천하를 도모할 수 있을 것이오."

진희는 전부터 한신의 재능을 알고 있었기에 그를 믿고 말했다.

"삼가 가르침을 받들겠습니다."

한나라 10년에 진희가 정말로 반기를 들자, 고조는 친히 군사를 이끌고 치러 갔다. 한신은 병을 핑계로 따라가지 않았다. 그러고는 몰래 진희에게 사람을 보내 말했다.

"군사를 일으키시오. 내 여기서 그대를 돕겠소."

한신은 그의 가신들과 모의했다. 밤에 거짓 조서를 내려 각 관아의 죄인들과 관노를 풀어 주게 하고, 이들을 동원해서 여후(유방의 부인)와 태자를 습격하기로 했다. 각기 맡을 역할이 정해지고 진희의 답장만 기다리고 있었다. 그때 한신의 가신 가운데 한신에게 죄를 지은 자가 있었는데, 한신이 그를 가두고 죽이려고 했다. 그러자 그의 아우가 변고가 일어날 것을 위에 올려, 한신이 모반하려는 상황을 여후가 알게 했다.

여후는 한신을 불러들이려다가 한신의 무리가 응하지 않을 수도 있겠다는 걱정이 들었다. 그래서 상국 소하와 상의하여 사람을 시켜 고조에게서 온 것처럼 속여 말했다.

"진희는 벌써 사형시키고, 여러 제후와 신하들이 모여 축하하고 있습니다."

소 상국(소하)이 한신을 속여 말했다.

"병중이어서 무리이겠지만 그래도 와서 축하하시오."

한신이 들어가자 여후는 무사에게 한신을 묶어 장락궁의 종실에서 목을 베도록 했다. 한신은 목이 베어지려는 순간에 말했다.

"괴통의 계책을 쓰지 않은 게 후회스럽구나. 아녀자에게 속았으니 어찌 운명이 아니겠는가!"

여후는 한신의 삼족을 멸했다.

뭉술   한신의 행동을 보면 황제는 하늘이 내리는 거라고 믿지 않았네.

범식   드디어 한신이 배신을 했구나.

뭉술   반역이라고는 할 수 있지만, 배신이라곤 할 수 없어. 한나라 왕과의 신의는 벌써 깨진 지가 한참이나 되었잖아.

캐물   앞에서 내가 했던 말을 취소하겠어. "폐하는 장수를 잘 다루십니다"라는 한신의 말 속엔 후회가 생각보다 많이 들어 있었다고 봐야 할 것 같아. 그런데 천하의 한신이 여후의 그깟 속임수에 넘어갔다는 게 나는 영 이상해.

범식   그새 정신력이 무뎌져서 사태를 파악하는 힘이 많이 약해졌겠지.

뭉술   막이 내릴 때가 되면 다 그런 거 아냐? 대단한 영웅도 다들 허망하게 가잖아.

범식   그래야 젊은 영웅이 나올 수 있지.

캐물   만약에 말이야, "병중이어서 무리이겠지만 그래도 와서 축하하시오"란 말을 상국 소하가 안 했다면 어땠을까? 그런 경우에도 한신이 갔을까?

뭉술   소하는 한신이 대장군이 되도록 한 은인이잖아?

캐물   그러니까 말이야. 그랬던 소하가 자신을 함정에 빠뜨릴 거라고 한신이 생각이나 했을까?

범식 전혀 의심하지 않았겠지. 그랬으니까 그곳으로 갔다가 죽은 거고. 하지만 소하가 한신을 배신했다고 말할 순 없어. 한신이 모반을 한 마당이니, 모반자를 처형하는 게 공적인 처사야.

캐물 그래, 소하를 배신자라고 할 순 없겠다.

뭉술 그건 그렇지만, 여후가 한신의 삼족을 멸한 것은 지나쳤다는 생각이 든다.

범식 법에 따른다면 잘못된 것은 없겠지만, 한신의 공적을 생각하면 인정을 조금 베풀었으면 좋았겠다 싶네. 한신이야 처형할 수밖에 없었겠지만, 그의 삼족을 멸한 건 너무하다.

뭉술 여후와 유방은 한신의 처리에 대한 입장이 다르지 않았을까?

캐물 그럴 수도 있지. 하지만 아무리 반란 사건이라고 해도 여후 맘대로 한신과 그 삼족을 처단할 수 있었을까?

이샘 그래서 한나라 왕이 자기가 없을 때 한신과 그 가족을 죽이라고 여후에게 미리 얘기해 뒀을 거라고 여기는 학자들도 있어요.

캐물 그만큼 한신을 두려워했다는 소린가?

고조가 진희를 토벌하고 돌아와 보니 한신이 죽어 있었다. 한편으로는 기쁘고 한편으로는 가여워 물었다.

"한신이 죽을 때 무슨 말을 하더이까?"

여후가 말했다.

"한신은 괴통의 계책을 쓰지 않은 게 한스럽다고 했습니다."

고조가 말했다.

"그는 제나라의 변사이다."

그러고는 제나라에 조서를 내려 괴통을 체포케 했다. 괴통이 붙들려 오자 고조가 물었다.

"네가 회음후에게 모반하라고 말했느냐?"

괴통이 대답했다.

"그렇습니다. 신이 그렇게 가르쳤습니다. 그 햇병아리가 신의 계책을 쓰지 않았기에 여기서 자멸했습니다. 만약 그가 신의 계책을 썼다면 폐하께서 어떻게 그를 죽일 수 있었겠습니까."

고조가 분노하며 말했다.

"이놈을 삶아라."

괴통이 말했다.

"아, 원통하도다. 이렇게 삶겨 죽게 되다니."

고조가 말했다.

"네가 한신에게 모반을 부추겨 죽는 것인데 뭐가 억울하단 말이냐?"

괴통이 말했다.

"진나라의 기강이 풀리자 산동 땅이 크게 요동쳐, 진나라 왕족과 다른 성을 가진 사람들이 막 일어나 영웅호걸들이 까마귀 떼처럼 모여들었습니다. 진나라가 사슴(제위)을 잃자, 천하가 모두 그 사슴을 좇았습니다. 이리하여 키 크고 발 빠른 자가 이것을 먼저 붙들었습니다.

도척의 개가 요임금을 보고 짖는 것은 요임금이 어질지 못해서 그런 것이 아닙니다. 개는 본래 자기 주인이 아닌 사람을 보면 짖는 것입니다. 그때 신은 한신을 알았을 뿐 폐하는 알지 못했습니다. 또한 천하에는 칼날을 갈아서 폐하가 하신 일을 자기도 해 보겠다고 나서는 사람이 아주 많았습니다. 생각해 보면 그들은 능력이 모자랐을 뿐인데, 폐하께서는 그들 모두를 삶으려 하십니까?"

고제가 말했다.

"놓아주어라."

그러고는 괴통의 죄를 용서했다.

범식　유방이 한신에게 얼마나 콤플렉스를 느꼈는지 알겠다. 자기에게 중국 천하를 가져다 준 한신인데, 그가 죽었다는 소리를 듣고서 '기뻐했다'는 것은 콤플렉스가 아니면 설명이 안 돼.

뭉술   한편으론 가엽게도 여겼잖아.

범식   그것도 없으면 사람이 아니지.

캐물   여기에 나온 괴통에 관한 얘기는 사족蛇足이라는 생각이 들지 않니? 천하의 사마천이 사족, 즉 뱀의 몸통에 다리를 그려 넣었을 리는 없을 텐데…….

범식   사마천이 사족을 달지는 않았을 거라고 생각해. 하지만 굳이 왜 이 이야기를 넣었는지는 나도 잘 모르겠어. 다만 마지막에 괴통을 살려 주잖아. 한신을 살려 주는 느낌으로 유방이 괴통을 살려 준 것이 아닐까 하는 생각이 들어. 사마천은 이것을 말하고 싶었던 게 아닐까?

뭉술   그래, 그걸 보여 주고 싶어서 사마천이 이 장면으로 한신 이야기를 마쳤다는 생각이 든다.

태사공(사마천)은 말한다.

"내가 회음에 갔을 때 회음 사람들이 나에게 말을 했다.

'한신은 평민일 때에도 그 뜻이 여느 사람과는 달랐다. 그 어머니가 죽었을 때 가난해서 장례도 치를 수 없었다. 그런데도 한신은 높고 넓은 땅에 무덤을 만들어, 그 주위에 1만 호나 들어설 수 있게 했다'라고 한다. 내가 그 어머니의 무덤을 보니 정말 그랬다.

만약 한신이 도리를 배워 겸손한 마음을 갖추어서 자기 공적을 자랑하지 않고 자기 능력을 뽐내지 않았다면, 한나라에 대한 공훈이 주나라의 주공·소공·태공망에 견줄 만했을 것이다. 그러면 후세에도 사당에서 제사를 받았을 것이다. 이렇게 되는 것에 힘쓰지 않고, 천하가 이미 안정된 뒤에 반역을 꾀했으니 온 집안이 멸망한 게 당연하지 않은가!"

캐물   사마천이 한신에 대해서 평한 한나라에 대한 공훈이 주공과 강태공에 견주어질 수 있었는데 마지막 처신을 잘못해 패가망신했다는 소리가 가슴을 스산하게 한다.

범식   샘! 주공에 대해 말씀해 주세요.

이샘   주나라 천하를 이룬 무왕이 빨리 죽자 그의 아들인 성왕이 어린 나이에 즉위했어요. 그래서 무왕의 동생인 주공이 성왕을 보필했는데, 권력에 욕심내지 않고 오직 주나라를 반석에 올려놓는 데만 마음을 썼지요. 뿐만 아니라 그는 주나라의 인문 문화를 완성한 사람으로 알려져 있어요. 그래서 공자는 자기보다 500년 전쯤의 인물인 주공을 늘 가슴에 품고 살았어요. 심지어는 꿈속에 주공이 나타나지 않자 "내가 이제 늙었구나" 하며 불안해하기까지 했죠. 공자 자신이 품었던 문화에 대한 열정이 사그라지지 않고서야 어떻게 '문화의 화신'인 주공을 그리워하지 않을 수 있겠느냐는 뜻이었겠죠. 강태공이라고도 불리는 태공망은 무왕과 더불어 중국이 자랑하는 그 '인문의 나라'인 주나라의 주춧돌을 마련했던 사람이구요. 그러니 지금 사마천은 한신이 주공이나 태공망 같은 위대한 사람이 될 수 있었는데도 스스로 그것을 허물어뜨렸다고 애석해 하고 있는 거예요.

뭉술 한신이 그 정도였나? 그렇게 위대한 일을 해 놓고도 마지막까지 자신의 신념을 밀고 나가지 못해서 그렇게 되었다는 말인가?

캐물 가만. 처음 세 에피소드 중에 한신에게 밥을 주다가 나중엔 자기들끼리만 밥을 해 먹고 모른 체한 남창 정장 이야기가 있었지! 이것이 한신의 삶을 보여 주기 위한 사마천의 문학적인 장치가 아닐까?

범식 오, 생각해 보니 정말 그러네.

뭉술 사마천! 정말 대단한 인간이다.

캐물　궁형을 받으면서라도 목숨을 부지할 만한, 아니 부지할 수밖

에 없었던 인간, 사마천!